JN236729

卵・乳製品・白砂糖不要!

まぜて、焼くだけ!

あな吉さんのゆるベジ焼き菓子教室

河出書房新社

はじめに

手作りお菓子って、お店のお菓子とはちょっと違うと思うんです。

見栄えがよければ、あるいはリッチな味ならそれでいい、というものではありません。大切な人の笑顔と健康を願いながら、ヘルシーで、たくさん食べても安心なお菓子を作れたら最高ですね。

この本でご紹介しているお菓子は、卵や乳製品をまったく使っていません。しかも油分や甘味料も、できる限り減らしたレシピばかりです。嬉しいことに、どのレシピも材料を計量したら、全部混ぜて焼くだけ。めんどうな泡立てなども一切不要。
カロリーやコレステロールをぐっと減らしても、ふわっふわのケーキや、さっくり食感のクッキーなどに仕上がる裏ワザを、たくさん考え出しました。卵やバター、生クリームなしでも、ふんわりふくらんで、おいしく仕上がる、魔法のレシピをお試しあれ！

ゆるベジ流焼き菓子・7つの特徴

初心者さんでも大丈夫!
卵、生クリームなどを使わないので、泡立ては一切不要。材料をボウルに次々と加えて混ぜるだけだから、お菓子作り初心者さんでも安心して作れます。

家にある材料で、思い立ったときにすぐ作れる!
小麦粉、植物油、重曹、ベーキングパウダー、酢など、保存性の高い食材が中心だから、今、家にある材料だけで作れるお菓子が、きっと見つかります。

甘さの調節が自由自在!
メレンゲを使うお菓子の場合、砂糖を減らすと生地が思うようにふくらみません。でも、この本のお菓子は、ベーキングパウダーや重曹でふくらませるから、甘さの調節が自由!

油分はギリギリ最小限で!
ギリギリ最小限の植物油しか使わないレシピなので、ヘルシーでとても軽い食感です。

経済的!
気軽にお菓子を作るためには、経済性も大切。卵もバターも生クリームも使わないお菓子作りは、材料費も少なくてすむので、プレゼントするときなども、とっても気軽です。

野菜や豆製品、ごまなどのヘルシー素材がいっぱい
卵や乳製品のかわりに使っているのは、豆乳や豆腐などの豆製品。といっても、独特の豆腐くささは消えてしまうので、「豆乳は苦手」という方でも心配いりません。ほかにも野菜、ごまなど、ヘルシーな素材がたっぷりです。

器具を洗うのもラク
油をほとんど使わないから、お菓子の型や道具を洗うのがとってもラク! お湯と少しのせっけんだけで、さっぱりツルツルに洗えてしまうのが嬉しいんです。

メリットを挙げたらきりがないけど、
とにかく"混ぜて焼く"だけ。
簡単なのが一番嬉しい!
ぜひトライしてみてくださいね。

contents

2 はじめに
3 ゆるベジ流焼き菓子・7つの特徴
6 この本で使う主な食材はこれだけ
7 この道具さえあれば、この本のお菓子はすべて作れます

8 **COLUMN** 焼き菓子成功の秘訣は、「液体は、まず8割だけ入れること」

ケーキ&マフィン&カップケーキ

10 パンデピス
12 キャラメルくるみケーキ
14 オレンジパウンド
16 ガトーショコラ
18 さつまいもと味噌のケーキ
20 塩りんごのケーキ
22 豆腐のレモンチーズケーキ
23 チャイニーズパウンドケーキ
24 バナナ&シナモン・マフィン
26 ビターココアカップケーキ
28 マーブルカップケーキ
30 ゴーヤとレーズンのカップケーキ

32 **COLUMN** ケーキの生地はぜ〜んぶ、クッキーにもなるんです

クッキー

34 白ごまおこし風クッキー
36 抹茶のさっくりクッキー
38 スパイスクッキー
40 レモンティークッキー
42 青のり動物ビスケット
44 かぼちゃのボーロ
46 きなこのハードクッキー
47 焼きチョコ
48 いちじくのビスコッティ
50 メープルクッキー5バリエーション

タルト

- 54 レモンタルト
- 56 季節のフルーツとラムクリームのタルト
- 58 黒と白のタルトブルーベリーソース添え
- 60 抹茶ときなこの和風タルト
- 62 モンブランタルト
- 63 フロランタン風

64 **COLUMN** タルト生地をフードプロセッサーで作るともっと簡単!!
華やかな、おかずタルトの提案

ホットビスケット＆スコーン

- 66 ホットビスケット
- 68 シナモンロールスコーン
- 70 まるごとチョコバナナスコーン
- 72 メープル＆ウォールナッツスコーン
- 74 ブルーベリーのスコーン

75 **COLUMN** この本の"ふわふわに仕上げた"ケーキは
"重曹"、"ベーキングパウダー"、"酢"でふくらませています

76 **COLUMN** 使う型は5つだけ！

甘くない焼き菓子

- 78 トマトのグリッシーニ
- 79 かぶの葉とクミンのカップケーキ
- 80 おろしにんじんのポンデケージョ
- 82 ポテトの塩パウンド
- 84 黒ごまとひじきのクラッカー

86 **COLUMN** 焼き菓子の気軽なラッピング

ベーグル

- 88 アップルティーベーグル
- 90 キャロットシナモンベーグル
- 90 レーズンペッパーベーグル
- 90 鉄分ベーグル
- 92 豆腐クリームチーズ5バリエーション
- 93 ベーグルチップス

94 あとがき

この本で使う主な食材はこれだけ

たいていのキッチンにあるこんな食材に、あとはひとつかふたつプラスするだけで、ちゃんとお菓子ができちゃうんです。ここでは、私の食材選びの基準や、ちょっとした注意点をご紹介します。

甘味料（メープルシロップとてんさい糖）

オリゴ糖などの微量ミネラルを含む、メープルシロップやてんさい糖を使用しています。メープルシロップは贅沢な香りが特徴ですが、高価な輸入食材。どうしてもメープルシロップでなければという場合以外は、てんさい糖を使用することにしています。

薄力粉

小麦粉は洗って食べることができないので、ポストハーベスト（収穫後残留農薬）が心配な外国産を避け、国産のものを使うことをおすすめします。この本のレシピは薄力粉を使用していますが、すべて全粒粉に置き換えて、よりヘルシーに作ることも可能です。基本的にこの本では、粉ふるいをしていませんが、それは鮮度のよい小麦粉を使った場合です。古いものや開封して時間がたったものなどは、ダマになることもあります。そんなとき、私はフードプロセッサーかミキサーにガーッとかけて、粉ふるいの代用にしています。

膨張材（重曹とベーキングパウダー）

卵を使わずにケーキをふくらませるために入れています。重曹は食品グレードのもの。ベーキングパウダーは、みょうばんを含まない、アルミニウムフリーと書かれたものを使用しています。

酢

重曹やベーキングパウダーのアルカリ性を、酢の酸性で中和させ、そのときに出る泡の力で生地をふくらませるのが、この本のお菓子全般の特徴です。酸度5％の純米酢を使用しています。酸度は裏面に書いてあります。

無調整豆乳

この本では、「大豆固形分8％以上」と書かれている無調整豆乳を使っています。「豆腐ができる」と書いてあるタイプの豆乳は「大豆固形分10％以上」など、成分が濃い場合が多く、混ぜたときに生地の水分が足りなかったり、焼き上げたときにかたく仕上がってしまう場合があります。

油

私は、国産原料100％の菜種油を愛用しています。なければ、サラダ油などで代用してください。

この道具さえあれば、この本のお菓子はすべて作れます

ボウル、計量カップ、計量スプーン、泡立て器、ヘラ、デジタルスケール、フードプロセッサー。この本のほとんどのお菓子は、この7つの道具さえあれば作ることができるので、とっても気軽です。

泡立て器
粉類を、まんべんなく混ぜ合わせるために使います。卵を泡立てるわけではないので、小さなものがひとつあると、ささっと使えて便利です。

ヘラ
スプーンタイプのシリコンベラがおすすめです。

ボウル、計量カップ、計量スプーン
お菓子作りは計量作業が多いので、ボウルや計量カップ、計量スプーンは複数持つことをおすすめします。ひとつ量るごとに道具を洗っていては作業がはかどらず、お菓子作りがおっくうに感じてしまいます。どれも2個以上持っていると便利ですよ。

デジタルスケール
後ろでねじをクリクリまわすタイプはめんどうなので、デジタルスケールが断然便利。計量がラクになるだけで、お菓子作りのハードルがぐっと下がります。

フードプロセッサー
水分量の少ない生地を均一に混ぜる、パン生地などをあっという間にこね上げる、などというのは、フードプロセッサーにまかせれば、失敗なし。ホットビスケットやベーグルの生地も、数分で完成します。味や食感も、手で混ぜるよりもおいしくなるので、ぜひ使ってみてください。液状のものを混ぜるのにはむいていないので、その場合は、ミキサーを使います。

オーブンについて

この本では電気オーブンを使用しています。ガスオーブンで作る場合は、温度をレシピの表記よりも10〜20℃下げたうえ、焼き時間もお菓子の様子を見ながら短縮してください。
また、各メーカーによって火力も違うので、ケーキ類は、焼き上がったら、一度、中心に竹串をさして生地がつかないことを確認してください。

COLUMN

焼き菓子成功の秘訣は、「液体は、まず8割だけ入れること」

クッキー生地やタルト生地をサクサク、ほろほろに仕上げるには、水分を入れすぎないことがとても大切。水を入れすぎてベタベタになってしまった生地を焼くと、かたくなってしまうんです。これは、小麦粉と水分を合わせると、グルテンが出て生地に粘りが生じてしまうため。だからおいしい生地を作る秘訣は、水分を慎重に加えていき、くれぐれも入れすぎないこと！

薄力粉は、産地や開封してからの期間、保存状態などで、必要とする水分量が変わってきます。ですから、レシピの水分は、まず8割だけ入れて様子を見ます。足りないなと思ったら、少しずつ足しながら作り方の写真を参考にして、生地の状態を調えていくといいでしょう。

ケーキ＆マフィン＆カップケーキ

本書の中でもっとも簡単なのが、この章で紹介するケーキ類です。泡立ても一切なく、材料をすべて混ぜ合わせたら型に流して焼くだけで完成。どっしりタイプ、ふわふわタイプなどいろいろな食感を作り出せますが、軽い食感のものには、必ず"酢"を入れるのがポイントです。まず、ベーキングパウダーや重曹のアルカリ性に、"酢"の酸性を加えて中和させます。そのとき生まれる泡を焼き込むことで、生地がふわふわになるのです。中和するため、酸味が残る心配はありません。

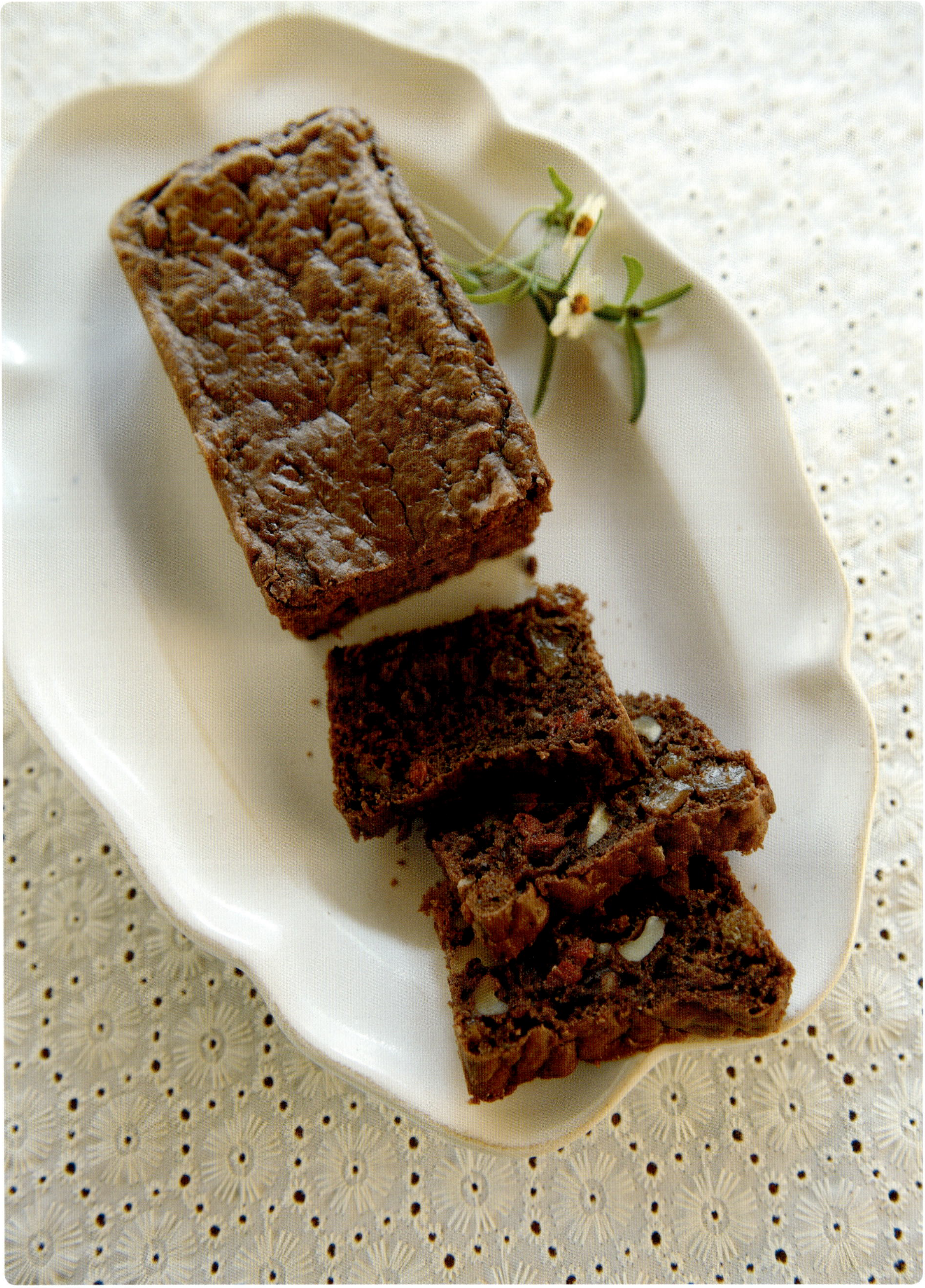

スパイスの魔法

パンデピス

材料（21×8cmのパウンド型1個分）

- ❀ おろししょうが……小さじ½
- ❀ 菜種油（またはサラダ油）……大さじ1½
- ❀ 無調整豆乳……140cc
- 🌿 ドライフルーツ（レーズン、クコの実など）……⅔カップ
- 🌿 くるみ（ローストしたもの。粗く刻む）……⅓カップ

25分

作り方

1　オーブンを170℃に予熱する。ボウルに❀を入れて泡立て器でよく混ぜる。

2　1に❀を加え、泡立て器でさらによく混ぜる。

3　2に🌿を加え、ヘラでひと混ぜする。

4　油（分量外）を薄く塗った型に3を流し入れる。予熱しておいたオーブンで25分間焼く。

ケーキ&マフィン&カップケーキ

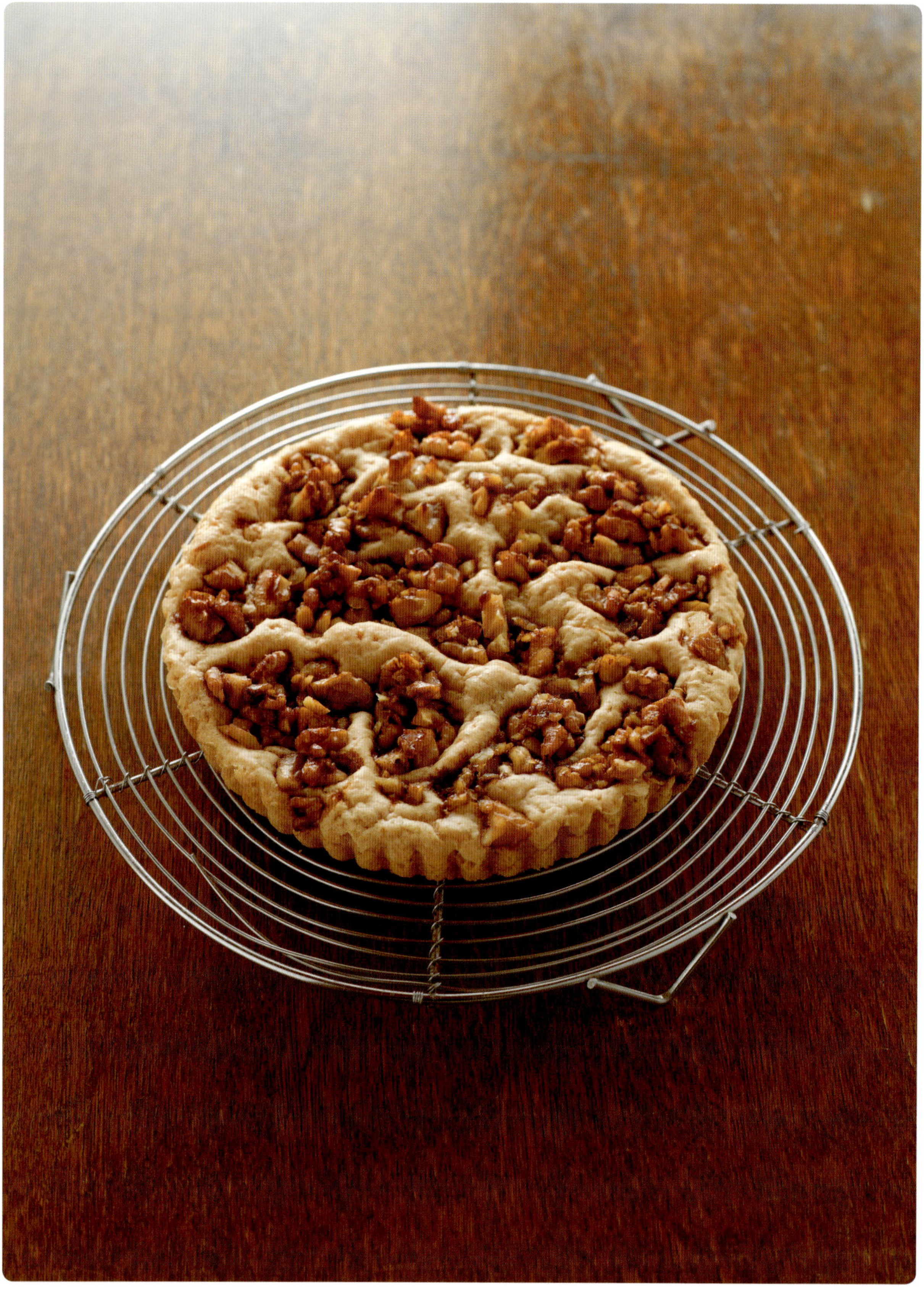

ほろほろ生地＆カリカリ木の実

キャラメルくるみケーキ

材料（直径18cmのタルト型1個分）

- ♣ 薄力粉……70g
- ♣ ベーキングパウダー……小さじ1½
- ♣ てんさい糖……大さじ1½
- ♣ シナモン（粉末）……小さじ⅓
- ❁ てんさい糖……大さじ2
- ❁ 塩……ひとつまみ
- ❁ 水……小さじ½
- くるみ（ローストしたもの）……50g
- 🌿 菜種油（またはサラダ油）……小さじ2
- 🌿 無調整豆乳……90cc

オーブン予熱 180℃　焼き時間 20分

あな吉COMMENT

キャラメリゼしたカリカリのくるみがソフトなケーキ生地にたっぷりと埋まっています。香ばしくて、大人に人気のケーキです。

タルト型のひだからはケーキの生地がはずれにくいので、ノンスティック加工（フッ素樹脂加工など）の型でも、油を塗ることをおすすめします。

作り方

1 オーブンを180℃に予熱する。ボウルに♣を入れて泡立て器でよく混ぜる。

2 小鍋に❁を入れて1～2分強火にかけ、キャラメル状になったら火を止める。

3 2にくるみを入れて、からめる。

4 3のあとすぐ（もたもたしていると鍋の中でくるみがかたまってしまう）、1に🌿を加え、泡立て器でなめらかになるまで混ぜ合わせる。

5 油（分量外）を薄く塗った型に4を流し入れたら3を表面にトッピングし、予熱しておいたオーブンで20分間焼く。

MINI COLUMN

残ったキャラメルで『スパイス・ソイミルク』を作る

キャラメルがこびりついた小鍋を洗ってしまうのは、もったいない！ 豆乳とシナモンを少々入れて煮立てれば、『スパイス・ソイミルク』の完成です。甘くてほのかに香ばしくて、おいしい！

ケーキ＆マフィン＆カップケーキ

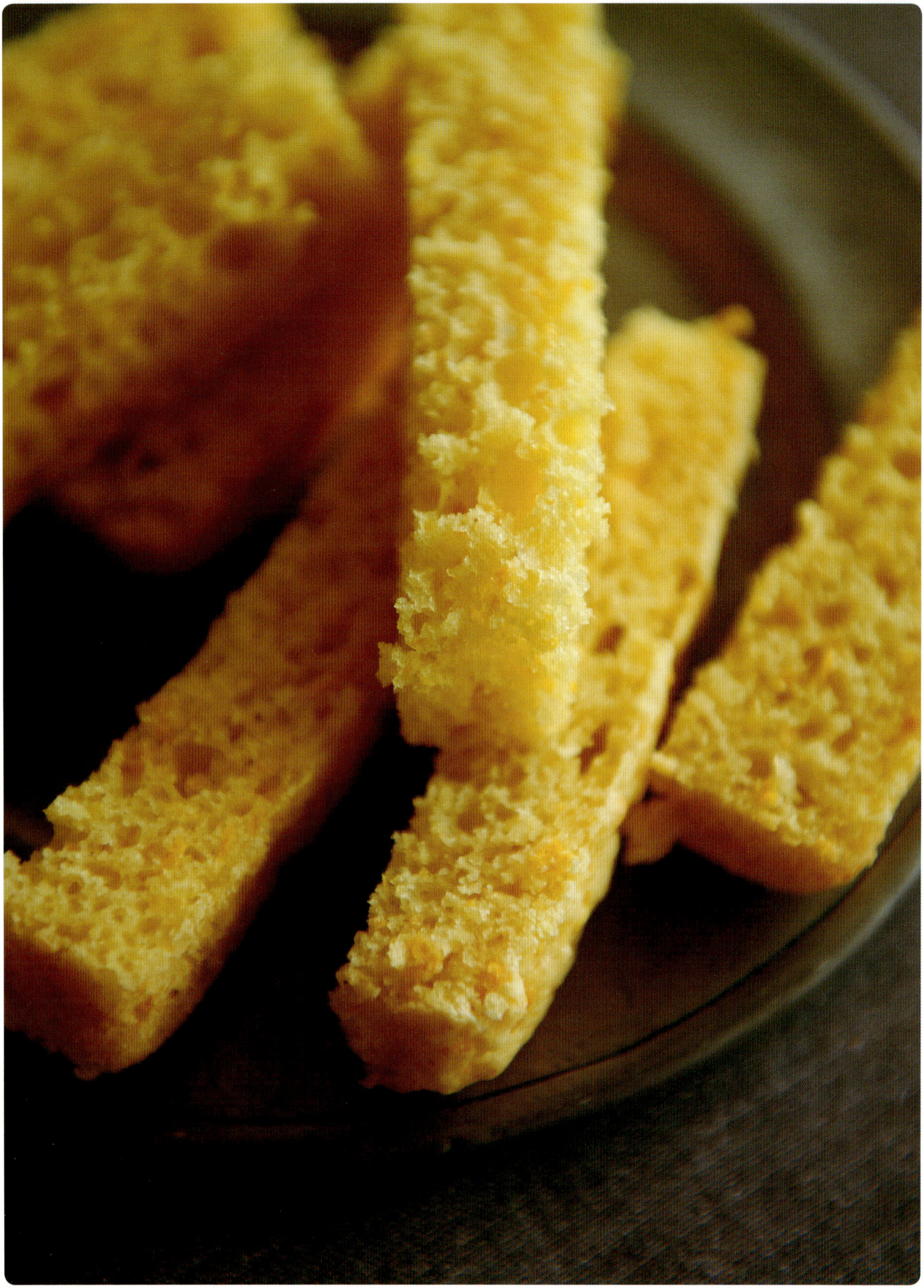

さわやかな柑橘の香り

オレンジパウンド

材料（21×8cmのパウンド型1個分）

- ❋ 薄力粉……100g
- ❋ ベーキングパウダー……小さじ2
- ❋ てんさい糖……大さじ2
- ❁ オレンジの皮……1個分
- ❁ オレンジの搾り汁……100cc
- ❁ 菜種油（またはサラダ油）……大さじ1

オーブン予熱 **170**℃　焼き時間 **25**分

作り方

1 オーブンを170℃に予熱する。ボウルに❋を入れて泡立て器でよく混ぜる。

2 ❁をミキサーでガーする。

3 2を1に加え、泡立て器でなめらかになるまでよく混ぜる。

4 油（分量外）を薄く塗った型に3を流し入れ、予熱しておいたオーブンで25分間焼く。

あな吉COMMENT

ジュワッとジューシーな、オレンジの香り！ 皮も果汁もすべて丸ごと使って作るから、焼き菓子としては珍しいぐらい、しっかりとオレンジ風味が主張しています。卵やバターの味が邪魔しないからこそ、オレンジの味がストレートに表現されるんですよね。

ミキサーがない場合は
❋をボウルに合わせ、すりおろしたオレンジの皮を加える。❁の残りを注いでからは作り方3、4と同じ。

MINI COLUMN

オレンジの皮のむき方と保存について

皮を使うケーキには、ポストハーベスト（収穫後残留農薬）の心配がない国産オレンジが必須。旬の時期にまとめて買って、皮だけむいて冷凍しておくと便利ですよ。果汁は、100%のストレートジュースで代用すれば、1年中この爽やかなケーキが楽しめます。

オレンジの皮は表面だけピーラーでむく。白い部分は苦いのでむかないように注意すること。

むいた皮はラップで包んで冷凍する。

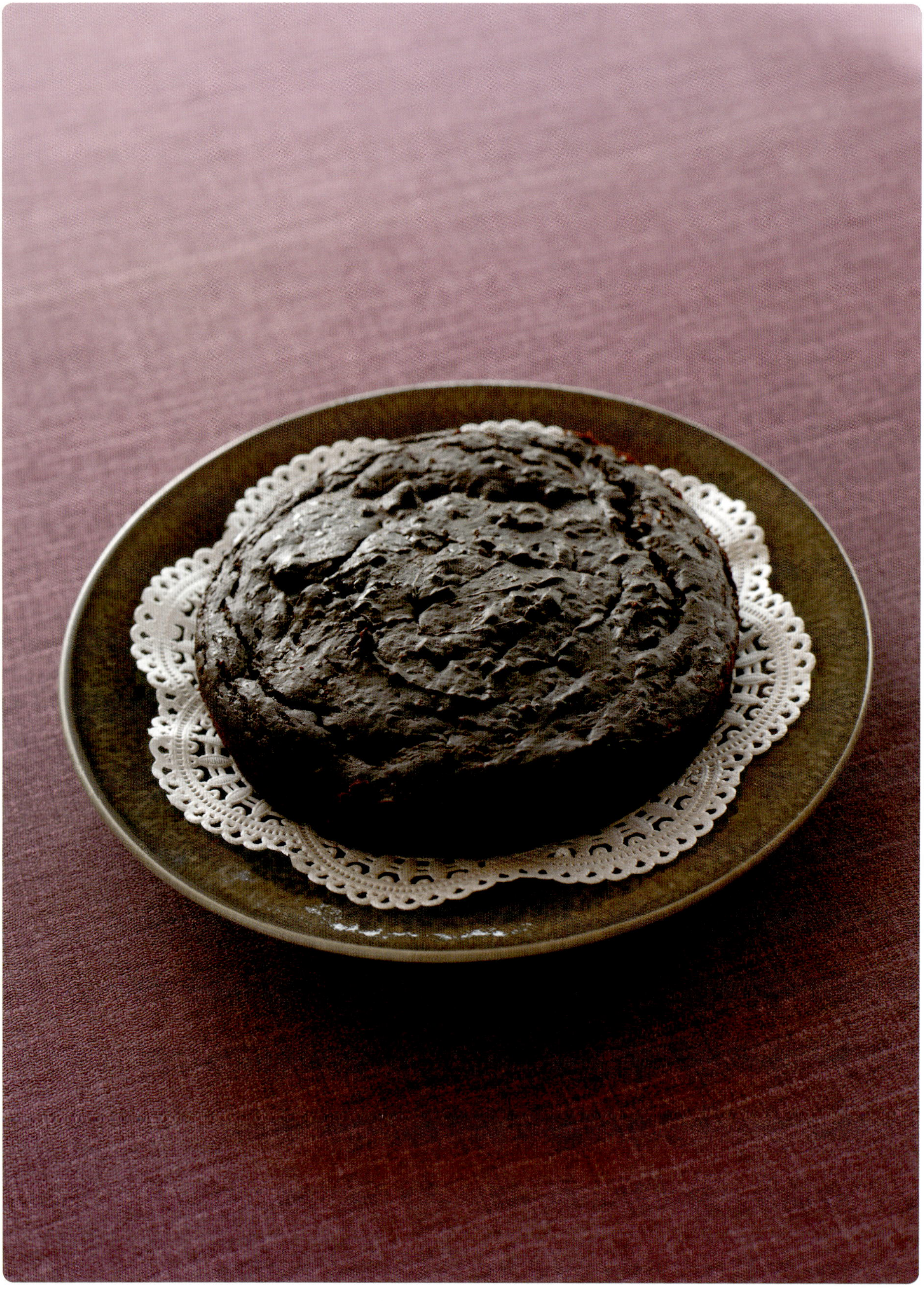

濃厚だけど、さっぱりした後味

ガトーショコラ

材料（直径15cmの丸型。底取れタイプ1個分）

- ♣ 薄力粉……60g
- ♣ 純ココア……30g
- ♣ 重曹……小さじ½
- ♣ 塩……少々
- ❀ メープルシロップ……大さじ3
- ❀ 絹ごし豆腐……150g
- ❀ 酢……大さじ2
- ❀ ラム酒……大さじ1
- ❀ 菜種油（またはサラダ油）……大さじ1
- ❀ オレンジの皮……½個分
- ❀ インスタントコーヒー（粉末）……小さじ½

オーブン予熱 **170**℃　焼き時間 **30**分

作り方

1 オーブンを170℃に予熱する。ボウルに♣を入れて泡立て器でよく混ぜる。

2 ❀をミキサーでクリーム状になるまで**ガー**。

3 2を1に加え、泡立て器でなめらかになるまで混ぜ合わせる。

4 油（分量外）を薄く塗った型に3を流し入れ、予熱しておいたオーブンで30分間焼く。焼きたては生地がやわらかいため、粗熱をとってから型のまま冷蔵庫で冷やす。型からはずすときには、周囲にぐるりとナイフを入れ、底板を持ち上げる。

あな吉COMMENT

チョコレートやカカオマスをあえて使わずに、脂肪分の少ないココアだけで、軽い食べごこちのガトーショコラを作りました。それでもリッチな味に仕上げるための隠し味は、オレンジの皮とコーヒー。このふたつの苦みが加わることで、ココアだけでは出せなかった、深いコクが味わえます。

ミキサーがない場合は
フードプロセッサーでも可。ただしオレンジの皮は食感が残ってしまうので、すり下ろしてから加えたほうがよいでしょう。

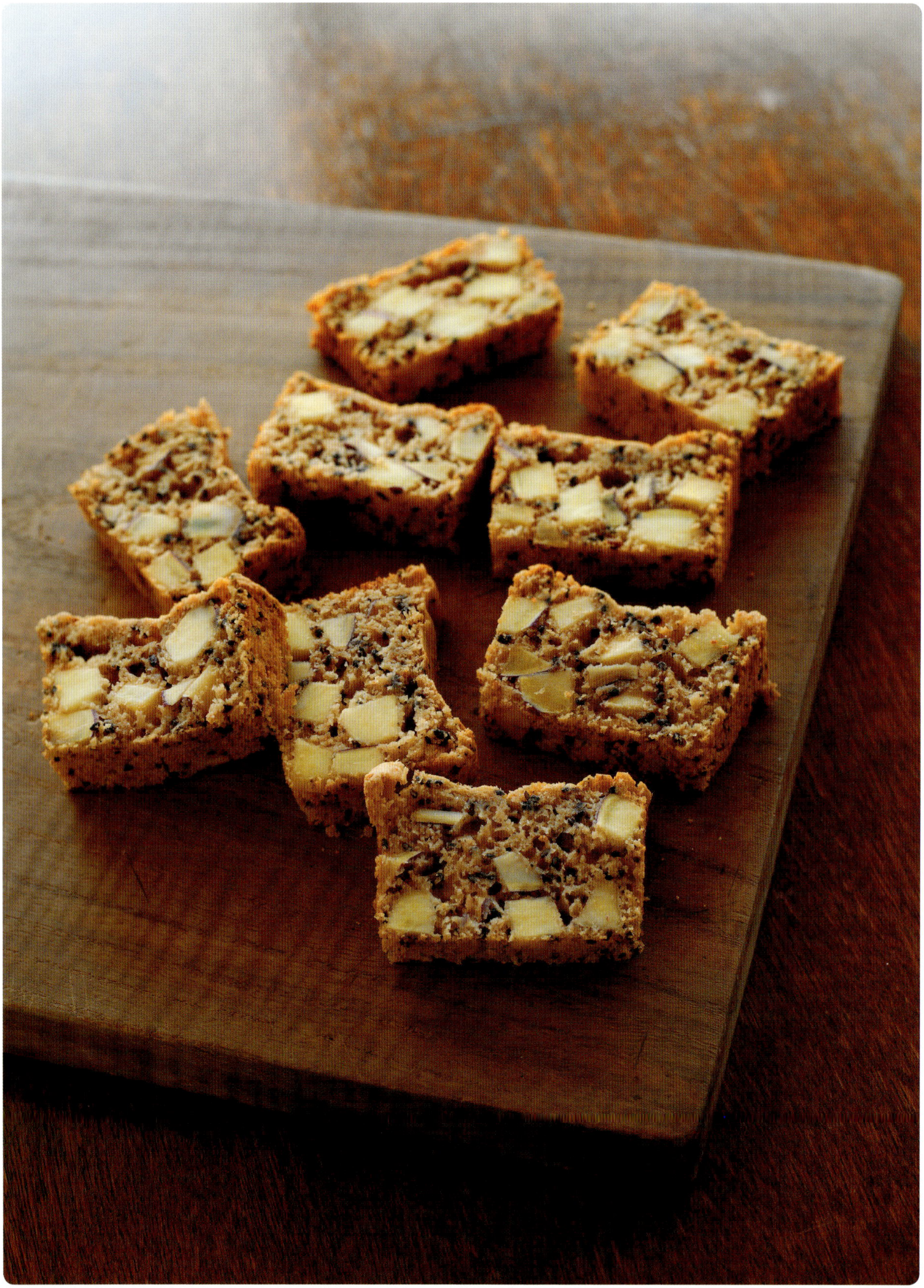

ほのかな塩けがあとをひく

さつまいもと味噌のケーキ

材料（21×8cmのパウンド型1個分）

- ♣ 薄力粉……100g
- ♣ ベーキングパウダー……小さじ2
- ♣ てんさい糖……小さじ1
- ♣ 黒煎りごま……大さじ1
- ✿ 100%りんごジュース（ストレート）……120cc
- ✿ 味噌……小さじ2
- さつまいも……約150g（1cmの角切り）

オーブン予熱 160℃　焼き時間 35分

作り方

1 オーブンを160℃に予熱する。ボウルに♣を入れて泡立て器でよく混ぜる。

2 別の容器に✿を入れ、泡立て器でよく溶く。

3 2を1に入れて、泡立て器で手早く混ぜる。

4 3にさつまいもを加えて、ヘラでざっと混ぜ合わせる。

5 油（分量外）を薄く塗った型に4を流し入れ、予熱しておいたオーブンで35分間焼く。

あな吉COMMENT

さつまいもの甘みを生かして、甘味料をグッと控えた素朴なケーキ。さつまいもは生のまま角切りして混ぜ込むだけなので、とても簡単！手軽でヘルシーだから、子どもといっしょの、ふだんのおやつにぴったりのケーキです。

MINI COLUMN

ケーキを焼いたそのあとは……

どのケーキも、焼いたらすぐに型から取り出してケーキクーラーの上で冷ましましょう。ただし、シリコンカップや紙の型で焼いた場合は、型からケーキを取り出さずに、そのまま冷ますこと。

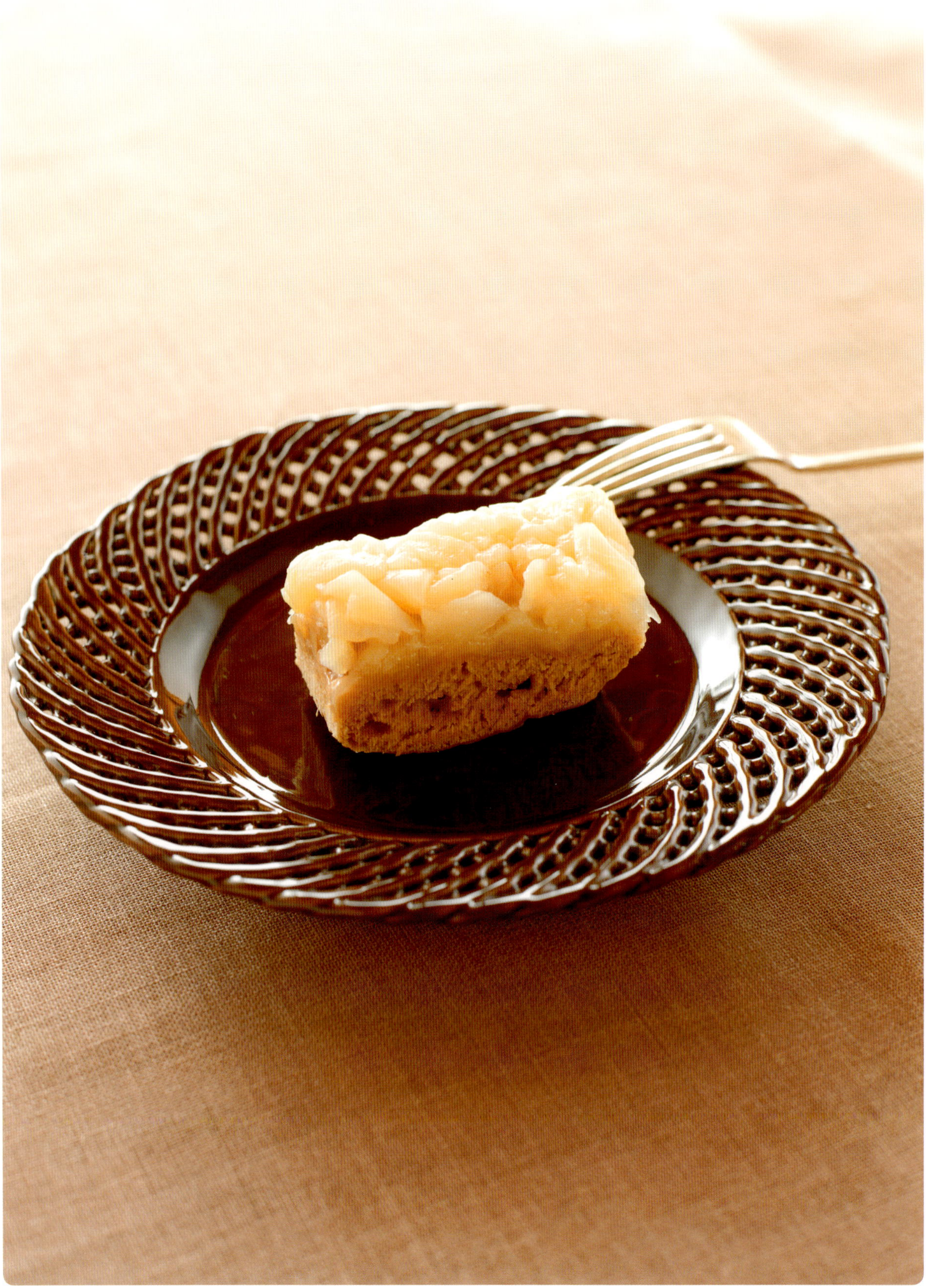

ノンオイル、ノンシュガーでこの甘さ

塩りんごのケーキ

材料（21×8cmのパウンド型1個分）

- ♣ りんご……2個（くし形に4等分し、皮と芯を除き3mmの薄切り）
- ♣ 塩……小さじ¼
- ✿ 薄力粉……70g
- ✿ ベーキングパウダー……小さじ1
- ✿ シナモン（粉末）……小さじ1
- 100%りんごジュース（ストレート）……60cc
- パン粉……大さじ2

オーブン予熱 **180**℃　焼き時間 **20**分

＊作り方2の終了後に、予熱を始めるとよい。

作り方

1 鍋に♣を入れて弱火にかけ、ふたをして15〜20分蒸し煮する。こげないように、ときどき混ぜる。最後にふたを取り強火にかけ水分をとばす。

2 油（分量外）を薄く塗った型に**1**を移し、10分以上おいて粗熱を取ったら、パン粉をふりかける。オーブンを180℃に予熱する。

3 ボウルに✿を入れて泡立て器でよく混ぜる。

4 **3**にりんごジュースを加え、泡立て器で手早く混ぜる。生地がまとまらない場合は、りんごジュース少々（分量外）を足して調整する。

5 **4**を**2**に重ね入れてアルミホイルでふたをする。予熱しておいたオーブンで20分間焼く。

あな吉COMMENT

たっぷりとのせたジャムのようなりんごは、こんなにも甘いのに甘味料はゼロ。塩のみでここまでスイートに仕上がるんです。そしてシナモンをきかせた生地には、油は一切使いません。それなのに、"ノンオイル、ノンシュガー"とは思えないほど満足感のある不思議なケーキです。りんごの水分が生地にしみ出さないようにするために、しっかり水けをとばして、さらにパン粉で吸わせてくださいね。

ケーキ＆マフィン＆カップケーキ

冷ややっこが変身!?
豆腐のレモンチーズケーキ

材料（直径15cmの丸型。底取れタイプ1個分）

こまち麩……30g
🍀 木綿豆腐……300g（熱湯で5分ゆで、ざるに上げてざくざくほぐして5分おく）
🍀 薄力粉……20g
🍀 てんさい糖……大さじ4
🍀 レモン汁……大さじ1½
🍀 白味噌……大さじ2
🍀 ラム酒……小さじ1

オーブン予熱 170℃　焼き時間 30分

作り方

1 オーブンを170℃に予熱する。こまち麩をフードプロセッサーでガーする。

2 1に🍀を加えて、なめらかになるまで再度ガーする。

3 型に2を流し入れアルミホイルでふたをする。予熱しておいたオーブンで30分間焼く。焼きたては生地がやわらかいため、粗熱をとってから型のまま冷蔵庫で冷やす。型からはずすときには、周囲にぐるりとナイフを入れ、底板を持ち上げる。

あな吉COMMENT

レモン風味のさっぱりとしたチーズケーキ風。豆腐くささを消してくれるのは、白味噌です。白味噌はいろいろあるけれど、ここで使うのは西京味噌タイプ。裏の材料表を見て、大豆よりも米が先に書かれているものを選んでください。水っぽく仕上がるのを防ぐために、こまち麩がひと役かっています。冷ややっこを焼きかためたような、ヘルシーなチーズケーキです。

フードプロセッサーがない場合は
すり鉢ですってください。

ごま油としょうゆでこの味に！

チャイニーズパウンドケーキ

材料（21×8cmのパウンド型1個分）

- ❀ 薄力粉……100g
- ❀ ベーキングパウダー……小さじ2
- ❀ てんさい糖……大さじ2
- ❀ 白煎りごま……大さじ1
- ✿ 木綿豆腐……110g
- ✿ しょうゆ……小さじ2
- ✿ ごま油……大さじ1½
- ✿ 酢……小さじ½
- 松の実（ローストしたもの）……大さじ1

作り方

1 オーブンを170℃に予熱する。ボウルに❀を入れて泡立て器でよく混ぜる。

2 ✿をミキサーで**ガー**する。**1**に加え、ヘラで混ぜる。

3 油（分量外）を薄く塗った（またはオーブンシートを敷いた）型に**2**を流し入れ、松の実を散らす。予熱しておいたオーブンで25分間焼く。

オーブン予熱 **170**℃　焼き時間 **25**分

あな吉COMMENT

ごま油としょうゆなんて、えーっ！と驚かれるかもしれないけれど、できあがりを食べてみれば、どこかで食べたことがあるような、なつかしいおいしさ。生地に豆腐を入れることで、どっしりとしたパンのような食べごたえになります。

ミキサーがない場合は
✿をすり鉢ですってからざるでこしてください。

ケーキ＆マフィン＆カップケーキ

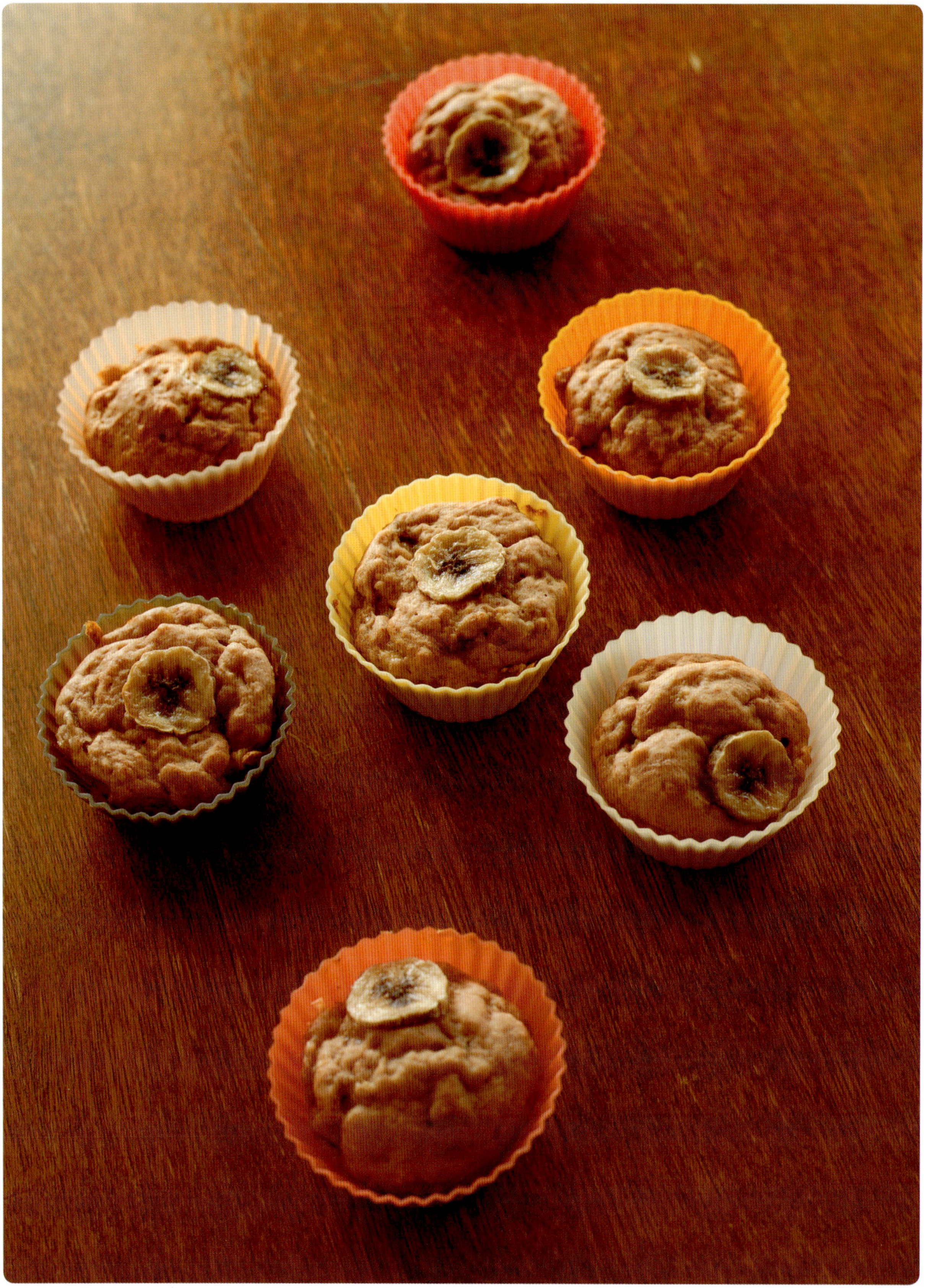

バナナの水分だけでこねる

バナナ＆シナモン・マフィン

材料（直径7cmのカップ型8個分）

完熟バナナ……2本（約250g。200g分をフォークでつぶし、残りは輪切り）
❀ 薄力粉……100g
❀ 重曹……小さじ¼
❀ シナモン（粉末）……小さじ1
❁ 菜種油（またはサラダ油）……大さじ2
❁ 酢……大さじ1

オーブン予熱 170℃　**焼き時間** 25分

作り方

1　オーブンを170℃に予熱する。つぶしたバナナに、混ぜ合わせた❀を加える。

2　別の容器に❁を混ぜ合わせておき、1に加え、粉けがなくなるまで混ぜ合わせる（生地がかたい場合は水大さじ1を加えて調節）。

3　シリコンカップに2を均等に入れ、輪切りバナナをトッピングする。予熱しておいたオーブンで25分間焼く。

あな吉COMMENT

バナナケーキって、大人も子どもも大好きですよね。このレシピは、水を使わずにバナナの水分だけでこねるから、ねっとりと濃厚な風味に仕上がります。完熟バナナならノンシュガーでも充分甘くなりますが、お好みでてんさい糖を大さじ1ほど加えてもいいでしょう。

シリコンカップを使う場合は型ごとケーキクーラーの上で冷ましてから、ケーキを取り出します。それ以外の型を使う場合は、基本的には、ケーキを型から取り出してから冷ましてください（詳細はP76参照）。

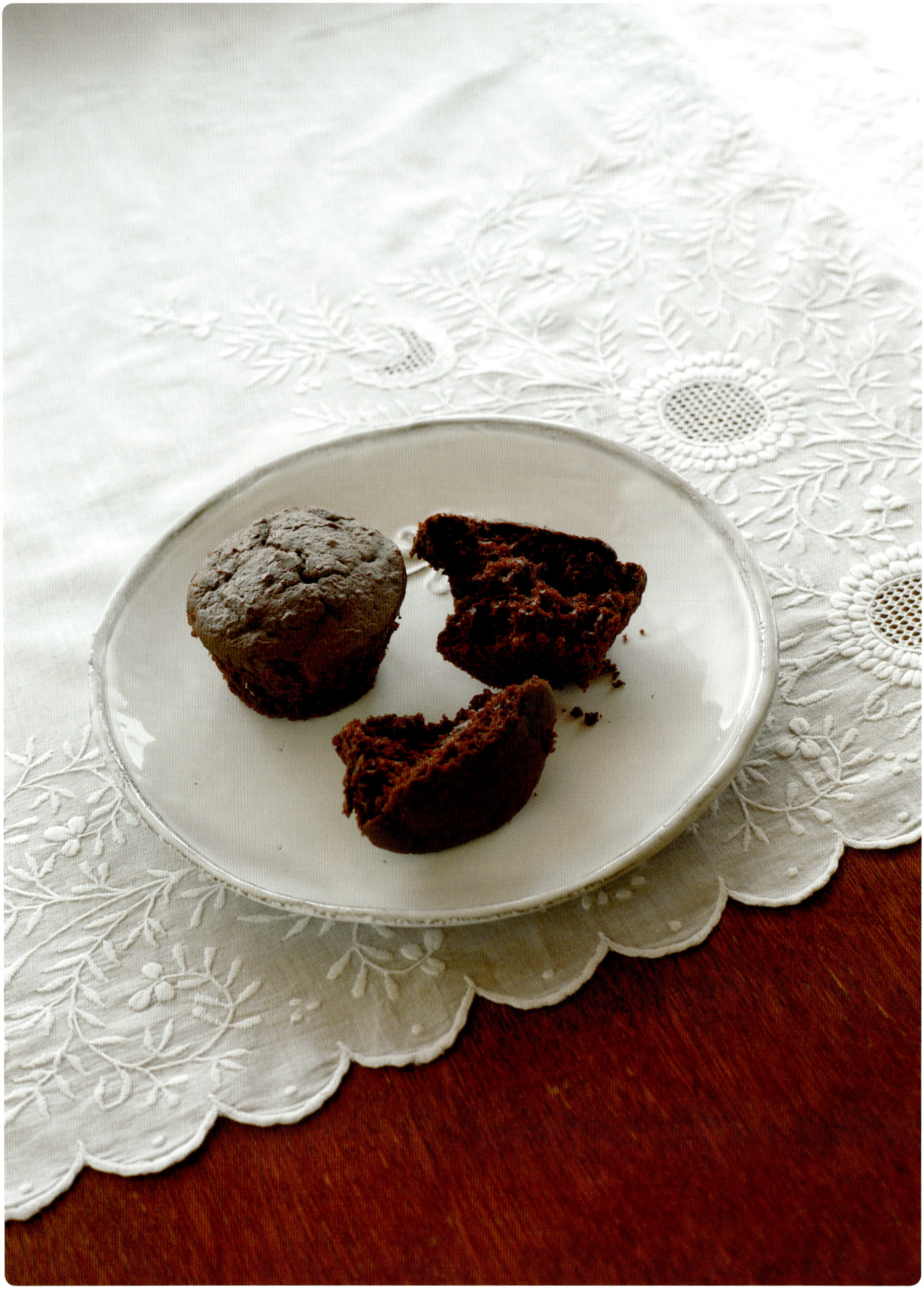

ふわふわ、ほろ苦大人味

ビターココア カップケーキ

材料（直径7cmのカップ型8個分）

- 薄力粉……100g
- 純ココア……大さじ3
- てんさい糖……大さじ3
- ベーキングパウダー……小さじ1½
- 重曹……小さじ½
- 菜種油（またはサラダ油）……大さじ2
- 水……110cc

酢……大さじ2½

オーブン予熱 170℃　焼き時間 25分

作り方

1　オーブンを170℃に予熱する。ボウルに❋を入れて泡立て器でよく混ぜる。

2　1に❋を加え、泡立て器でなめらかになるまで混ぜる。

3　2に酢も加えて手早く混ぜる。

4　型に3を均等に流し入れる。予熱しておいたオーブンで25分間焼く。

あな吉COMMENT

とにかく、ふわっふわ！ ほろっほろ！ 卵なしのケーキを限界まで軽く仕上げたレシピです。酢を入れたら大急ぎで、オーブンに入れるのが重要。ちょっとココア多めで大人味に仕上げるのが、私の好み。苦手な方は、少し減らしてもよいでしょう。

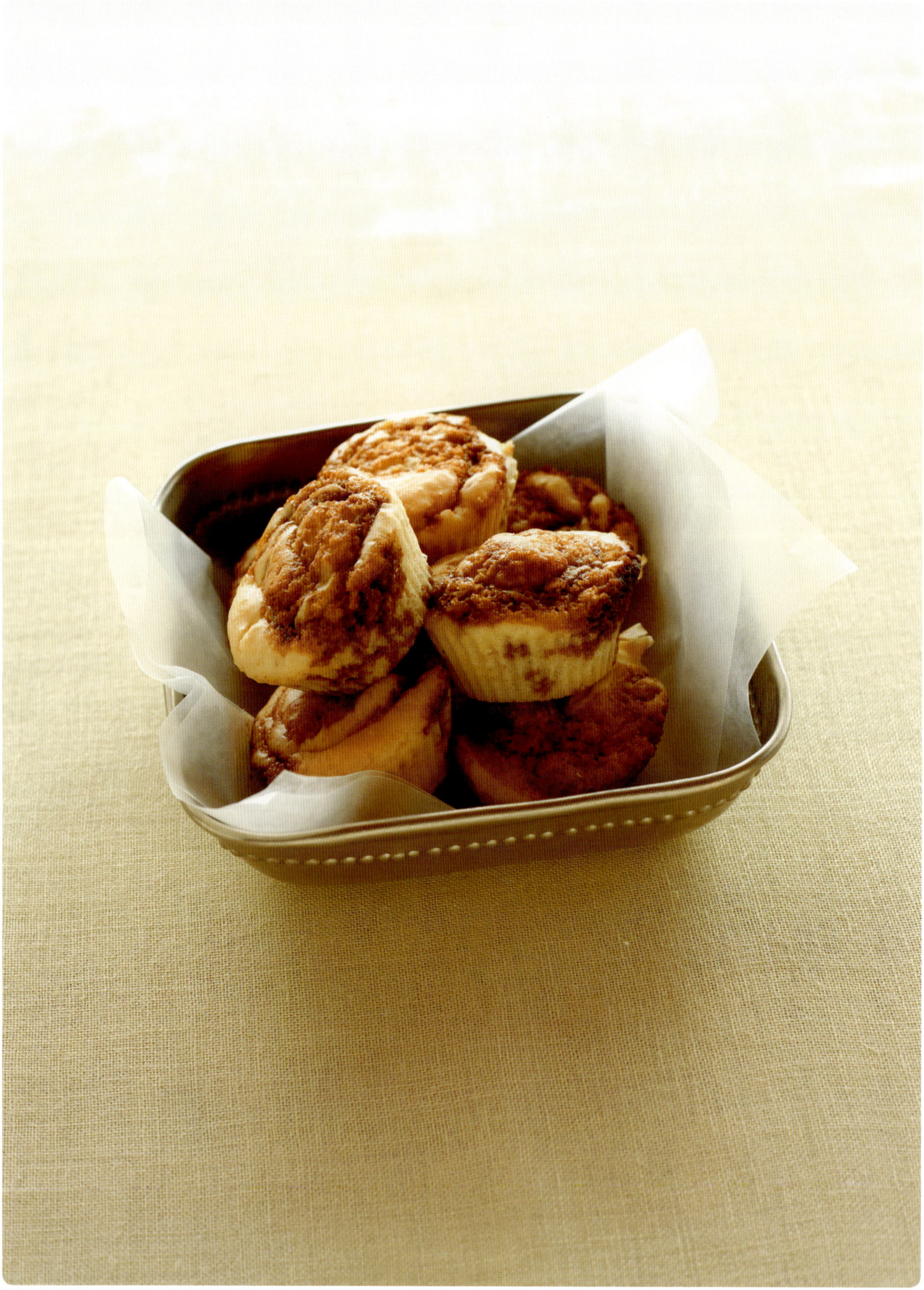

コーヒー部分がカリッ！

マーブルカップケーキ

材料（直径7cmのカップ型8個分）

- ❀ インスタントコーヒー（粉末）……小さじ1
- ❀ 水……小さじ1
- ❀ てんさい糖……大さじ2
- ❀ 薄力粉……100g
- ❀ てんさい糖……大さじ1
- ❀ ベーキングパウダー……小さじ1½
- ❀ 重曹……小さじ½
- 🌿 菜種油（またはサラダ油）……大さじ2
- 🌿 無調整豆乳……80cc
- 酢……大さじ2½

オーブン予熱 170℃　焼き時間 25分

作り方

1 オーブンを170℃に予熱する。小鉢に❀を入れて混ぜ合わせる。

2 ボウルに❀を入れて泡立て器でよく混ぜる。

3 2に🌿を加え、泡立て器でなめらかになるまで混ぜる。

4 3に酢を加えて手早く混ぜる。

5 4を大さじ1〜2分ほど残して、型に均等に入れる。

6 5の残りの生地と1をヘラでよく混ぜ合わせる。

7 6を5の型に均等に分ける。箸などで軽く混ぜ、マーブル状にする。予熱しておいたオーブンで25分間焼く。

あな吉COMMENT

カリカリしたコーヒートップとミルキーなふわふわ生地のコンビネーション。軽い口溶けで、つい、ふたつ、みっつと手が伸びてしまうケーキです。

カップケーキは、ベーキングパウダーと重曹、両方を入れることでふわっふわの食感に仕上がります。酢を入れたとたんに生地がむくむくとふくらむところが、何回作ってもおもしろいのですが、手早くオーブンに入れないと、だんだんしぼんできてしまうので、スピード重視で作ってくださいね。

マーブルにするときには、白い生地を箸の先でひとすくい、持ち上げるようにすると、うまくいきます（作り方7の写真参照）。かき混ぜすぎると生地がしぼんできてしまうので、さっとひと混ぜするだけで大丈夫ですよ。

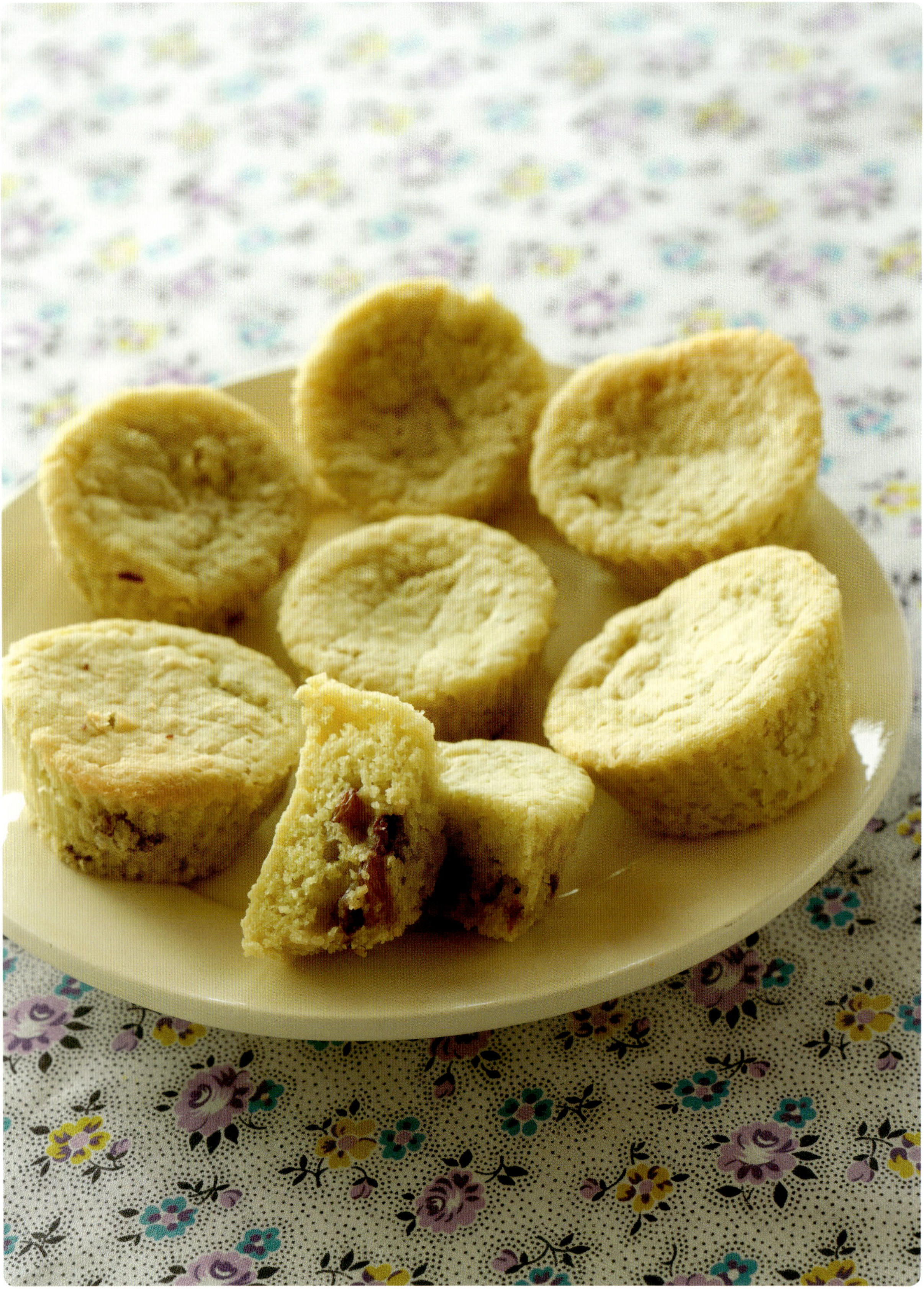

ほんのり甘くて青い未知の味

ゴーヤとレーズンの カップケーキ

材料（直径7cmのカップ型8個分）

- ♣ 薄力粉……100g
- ♣ てんさい糖……大さじ1
- ♣ ベーキングパウダー……小さじ1½
- ♣ 重曹……小さじ½
- ✿ ゴーヤ（種やわたを除いたもの）……60g（粗く刻む）
- ✿ 菜種油（またはサラダ油）……大さじ2
- ✿ 水……大さじ2
- 酢……大さじ2½
- レーズン……大さじ4

オーブン予熱 170℃　**焼き時間** 25分

あな吉COMMENT

鮮やかなグリーンのケーキをおそるおそる口に運べば……「あれ、苦みがない!?」。そう、生地に混ぜて長時間焼くことで、ゴーヤの強烈な苦みはほとんど消えてしまうのです。ほんのりと残った野菜の風味と、レーズンのやさしい甘さが相性ぴったり。これは、庭の緑のカーテンに、次から次へとぶら下がる立派なゴーヤを子どもたちにも食べさせたくて考えたレシピです。たくさんの子どもたちに配りましたが、これを苦手といった子は今のところひとりもいません。

ミキサーがない場合は
ゴーヤをおろし金ですりおろしてから、残りの✿と合わせる。

作り方

1　オーブンを170℃に予熱する。ボウルに♣を入れて泡立て器でよく混ぜる。

2　✿をミキサーに入れて約30秒間ガーする。

3　2を1に加え、泡立て器でよく混ぜる。さらに酢も加えて手早く混ぜる。

4　3にレーズンを加えてヘラでさっと混ぜる。

5　型に4を均等に入れ、予熱しておいたオーブンで25分間焼く。

COLUMN

ケーキの生地はぜ〜んぶ、クッキーにもなるんです

ケーキの生地が天板にこぼれて、カリカリに焼けたところを味見したら、思いのほかおいしい！ なんて経験はありませんか？ そう、この本で紹介したP10〜31までのケーキとカップケーキの生地は、オーブンシートを敷いた天板にぽとぽと落として焼けば、外側はカリッとして中がふんわりのクッキーになるんです。型を出したり、洗ったりするのがちょっとめんどうだな、なんてときには、クッキーにして楽しむのもありですね。
生地の作り方まではケーキとまったく同じです。できあがった生地を天板に落としたら、180℃で20〜25分間くらい焼けばできあがり！ 同じ材料なのに、火の通り方が変わっただけで、また違った食感に。ひとつの生地で二度おいしいのです。

クッキー

一般的なクッキーは、たとえ見かけがシンプルだったり、ザクザクと素朴な食感のものであっても、実はバターやオイルがたっぷりと使われています。でも、ここで紹介するクッキーは、最小限のオイルしか使わずに、サクサク、ザックリ、ポリポリ、いろんな食感に仕上げています。

この本のクッキーのおいしい焼き方と保存の方法

クッキーの中心がふかふかとやわらかいときは、焼き不足。火の通りが"まだまだ"だったら追加加熱しますが、"あとちょっと"だったら、オーブンに入れっぱなしで冷めるまで放っておけば大丈夫。これは、すべてのクッキーに共通です。

また、この本のクッキー類は油が少ないため、ちょっと湿気やすいです。カリカリの食感を長持ちさせ、おいしく食べるためには、よく冷ましてから保存容器かジッパー付きポリ袋に入れて冷凍庫へ。食べるときは常温に数分おくだけでOKです。

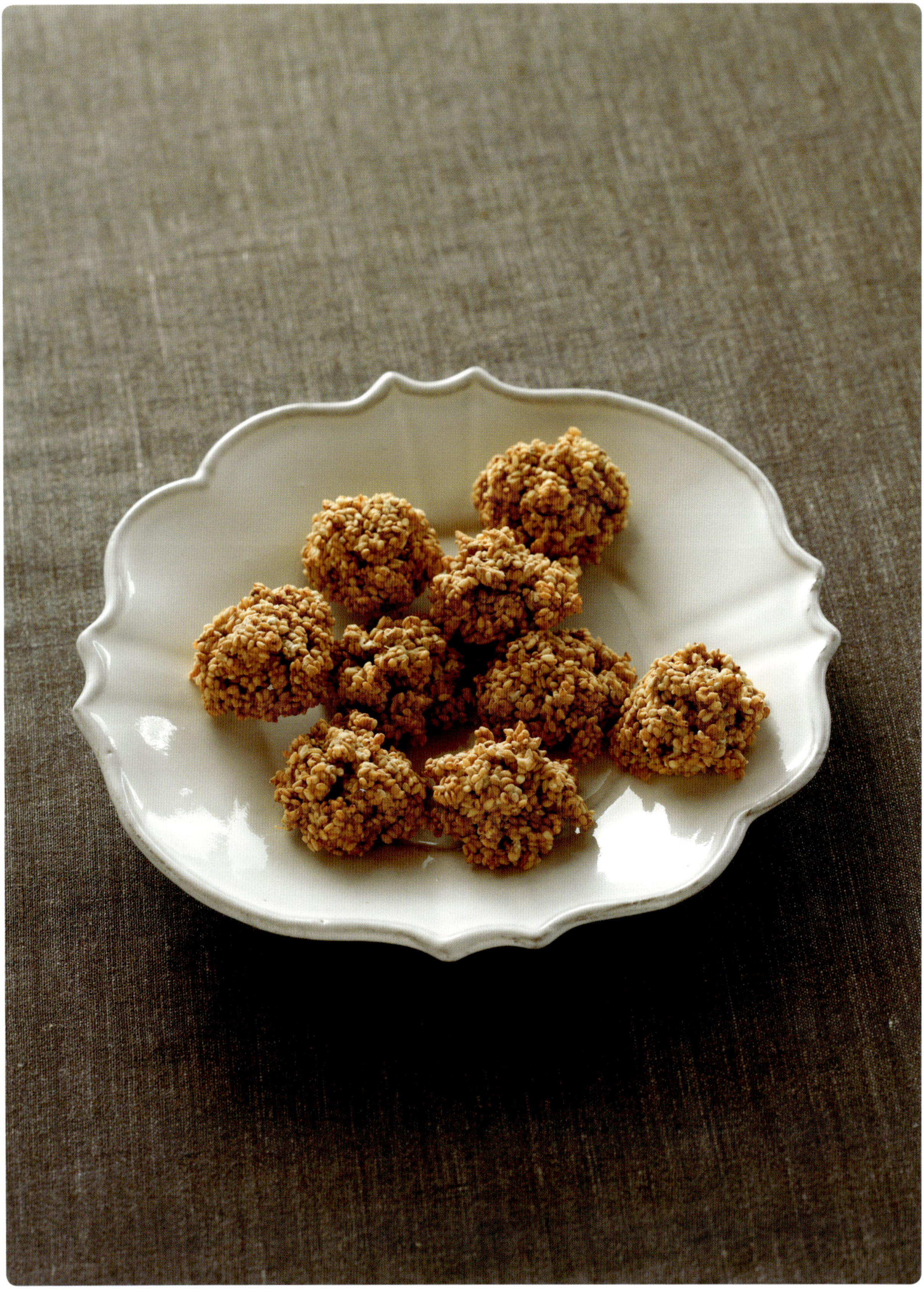

なんと2ステップでできる！

白ごまおこし風クッキー

材料（ひと口大のもの約10個分）

白煎りごま……50g
メープルシロップ……小さじ2
おろししょうが……小さじ½
薄力粉……大さじ2
水……小さじ2

オーブン予熱 160℃　焼き時間 20〜25分

作り方

1　オーブンを160℃に予熱する。ボウルにすべての材料を入れてヘラでよく混ぜる。生地がまとまらない場合は、水少々（分量外）を足して調整する。

2　オーブンシートを敷いた天板に、スプーンですくった1を、ひと口大にぽとぽと落とす。予熱しておいたオーブンで20〜25分間焼く。

あな吉COMMENT

びっくりするほどシンプルなごまクッキーには、しょうがの風味をプラスして、おこしのような味わいに。材料5種、手順はふたつだけ。私のレシピで一番簡単なクッキーは？とたずねられたら、これを思い浮かべます。白ごまは、肝機能の改善や、美肌にも効果があるといわれています。

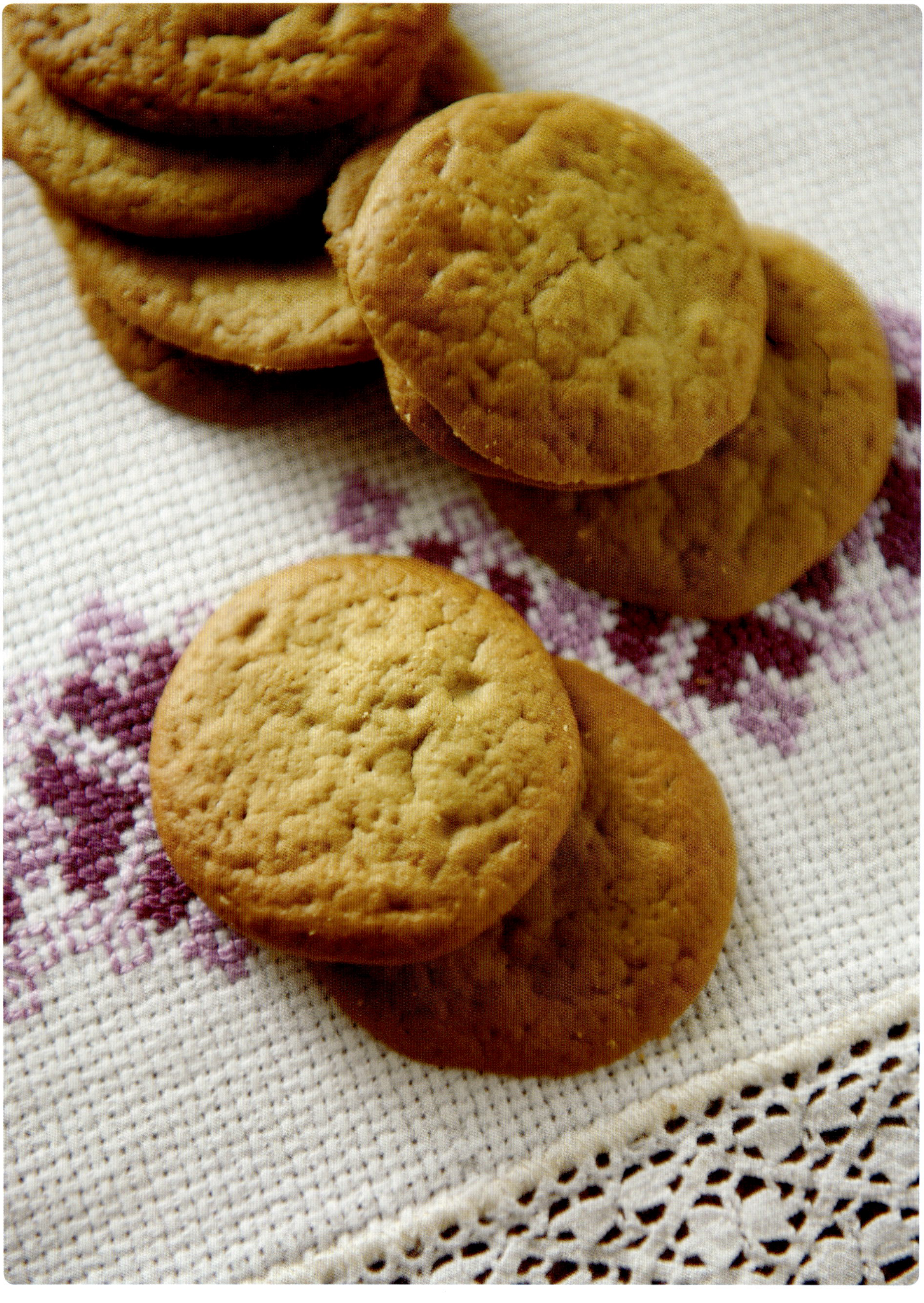

驚きの軽い食感

抹茶のさっくりクッキー

材料（直径5cmのもの15〜18枚分）

- ❀ 薄力粉……50g
- ❀ ベーキングパウダー……小さじ½
- ❀ 抹茶……小さじ1
- ❁ メープルシロップ……大さじ2
- ❁ 菜種油（またはサラダ油）……大さじ1
- ❁ 水……50cc
- 酢……小さじ½

オーブン予熱 **160**℃　焼き時間 **30分**

作り方

1 オーブンを160℃に予熱する。ボウルに❀を入れて泡立て器でよく混ぜる。

2 1に❁を加え、泡立て器で混ぜる。酢を加え、さらに泡立て器で混ぜる。

3 2を小さじですくって、オーブンシートを敷いた天板にぽとぽと落とす。予熱しておいたオーブンで30分間焼く。

あな吉COMMENT

サクサクッとした軽い食感が魅力のクッキー。成形はスプーンですくって落とすだけと、いたって手軽です。この生地は時間がたつとふくらむ力を失ってしまうので、ねかせておくことができません。オーブンが小さくて、一度に全量焼けない場合は、最初から半量で作ってくださいね。

あな吉COMMENT

「外国のお菓子の味がしますね!」「これ、いっぱい作って売ってください!!」と好評をいただいているクッキー。上新粉が入ることで、カリッ、サクッの食感に仕上がります。ここまで少ない水分量の生地をまとめ上げるのは、手ではちょっとムリ。かといって水を増やせば、仕上がりがかたくなってしまいます。だからフードプロセッサーの力を借りないで作るのは、ちょっと難しいですね。

カリカリ食感と香辛料のハーモニー

スパイスクッキー

材料（2㎝角のもの30〜35枚分）

- ❀ 薄力粉……50g
- ❀ 上新粉……10g
- ❀ 純ココア……小さじ1
- ❀ おろししょうが……小さじ¾
- ❀ シナモン（粉末）……小さじ1
- ❀ ナツメグ（粉末）……小さじ⅙
- ❀ 菜種油（またはサラダ油）……大さじ1
- メープルシロップ……大さじ1
- 水……小さじ1

オーブン予熱 170℃　焼き時間 20分

＊作り方2の終了後に、予熱を始めるとよい。

作り方

1 ❀をフードプロセッサーに入れて、約30秒間**ガー**する。

2 1にメープルシロップと水を加え、生地がまとまるまで、**ガッガッ**。まわしすぎに注意。生地がまとまらない場合は、水少々（分量外）を足して調整する。オーブンを170℃に予熱する。

3 2の生地をオーブンシートの上にのせ、麺棒で約2㎜の厚さにのばす。

4 包丁で2㎝角に切り分ける。天板にオーブンシートごと置き、予熱しておいたオーブンで20分間焼く。

MINI COLUMN
クッキー生地ののばし方と切り分け方

のばした生地の端を切り落とし、形を整える（型抜きする場合は端を切り落とす必要はない）。

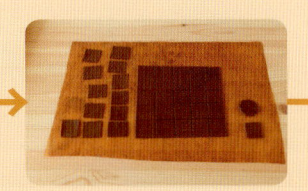

→ 整った部分を包丁で切り分けるか抜き型で抜く。

→ 余った部分を、再度まとめてのばして、包丁で切り分ける。最後の少量の生地は、小さく丸めてのばして、他の生地といっしょに焼く。

クッキー　39

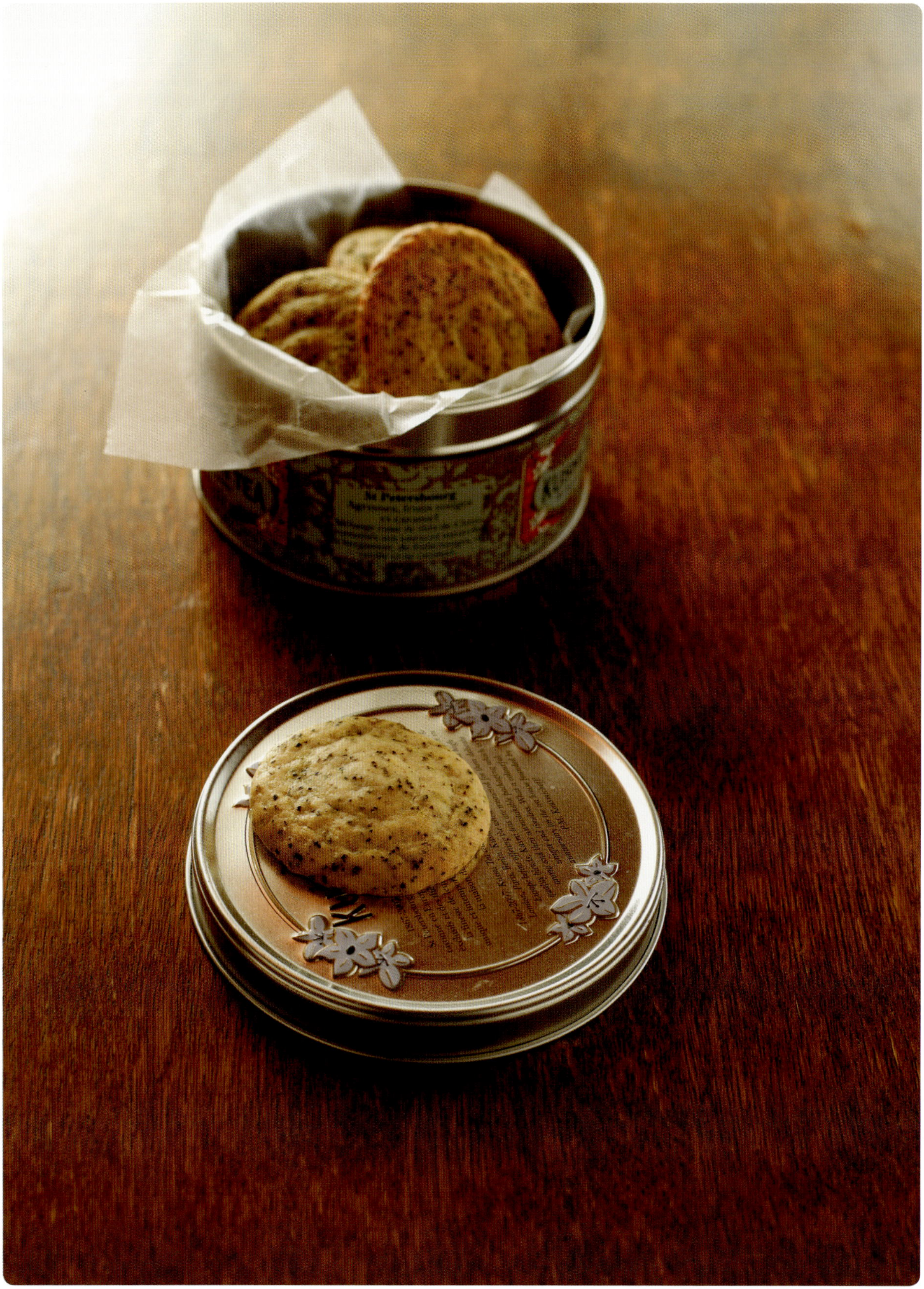

レモンの風味が爽やか

レモンティークッキー

材料（直径5cmのもの15枚分）

❀ 薄力粉……100g
❀ 重曹……小さじ¼
❀ 紅茶の茶葉……ティーバッグ2袋分（約4g）
❀ メープルシロップ……大さじ2
❀ レモン汁……大さじ2
❀ 菜種油（またはサラダ油）……大さじ2
❀ 水……大さじ1

オーブン予熱 160℃　焼き時間 45分

作り方

1 オーブンを160℃に予熱する。ボウルに❀を入れて泡立て器でよく混ぜる。

2 1に❀を加え、泡立て器で混ぜる。生地がまとまらない場合は水少々（分量外）を足して、しぼり出せるかたさの生地に調整する。

3 ジッパー付きポリ袋に2を入れる。

4 3の端を5mmくらい切り落とし、オーブンシートを敷いた天板の上に生地をぐるぐると直径4〜5cmの円形にしぼり出す。予熱しておいたオーブンで45分間焼く。

POINT!
生地のかたさは、泡立て器を持ち上げたときに、ゆっくり落ちる程度。

あな吉COMMENT

たっぷり加えた紅茶の香りと、レモン汁の爽やかな酸味のクッキー。紅茶はティーバッグ以外を使う場合は、ミルサーにかけてあらかじめ粉末にしてください。

厚手のジッパー付きポリ袋を使うことで、しぼり出しクッキーの楽しさを手軽に味わうことができます。ここではぐるぐると丸くしぼり出していますが、ハートでも音符マークでもアルファベットでも、お好みの形でどうぞ（ただし小さくなるほど、焼き時間は短くなりますので注意）。この生地は時間がたつとふくらむ力を失ってしまうので、オーブンが小さい場合は、半量で作ってくださいね。

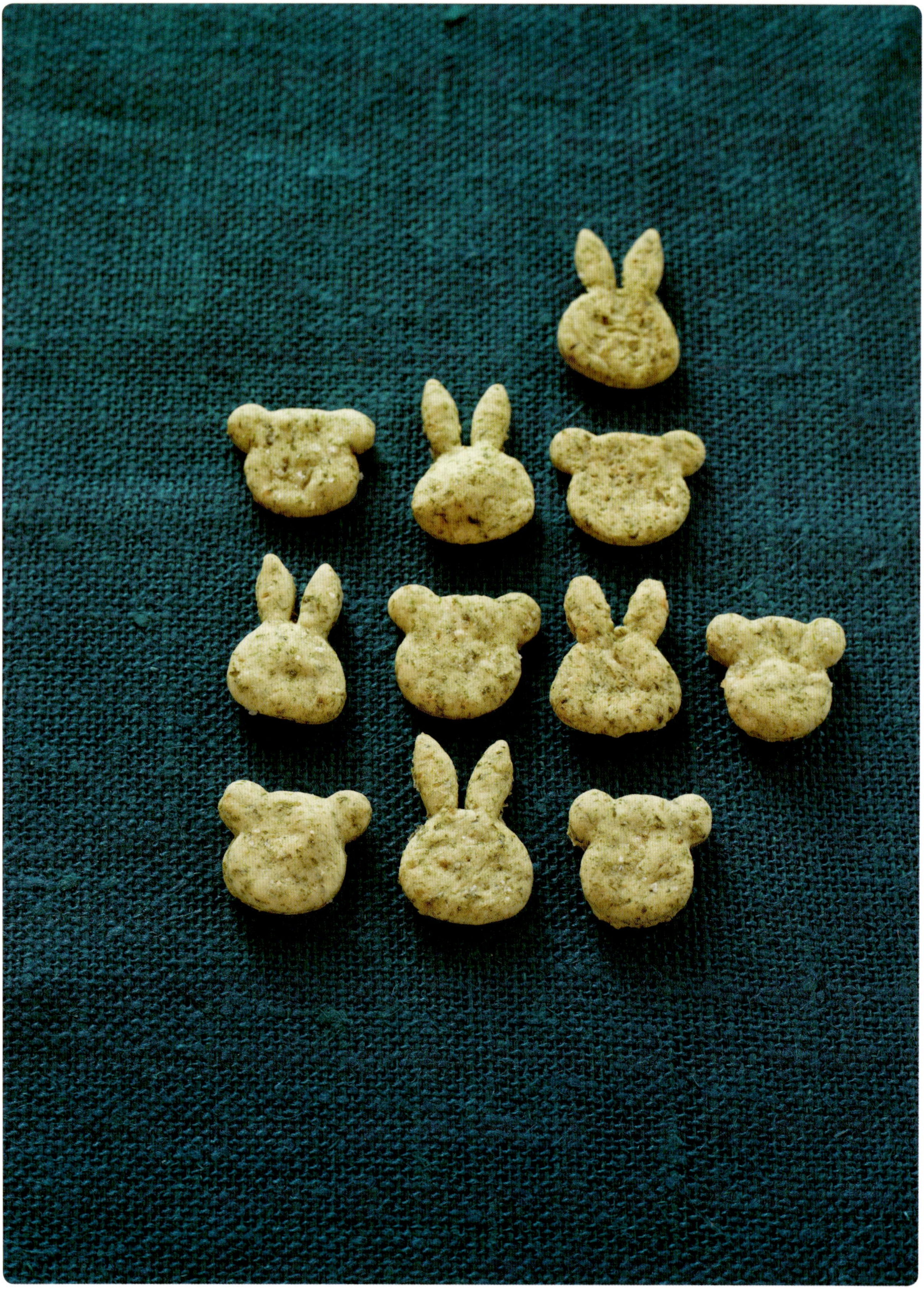

甘じょっぱさと磯の香りのハーモニー

青のり動物ビスケット

材料（2×2cmくらいのもの 約35個分）

- ❁ 薄力粉……100g
- ❁ てんさい糖……大さじ1
- ❁ 青のり……大さじ1
- 菜種油（またはサラダ油）……大さじ1
- 水……大さじ2
- 塩……3つまみ

オーブン予熱 160℃　焼き時間 20分

作り方

1 オーブンを160℃に予熱する。ボウルに❁を入れて泡立て器でよく混ぜる。

2 1に油を加え、指先で混ぜ合わせる。

3 2に水を加え、指先でまんべんなく混ぜ合わせる。そぼろ状の生地を押しつけ合ってくっつけるようにし、こね合わせないように注意して生地をまとめる。

POINT!
生地がぱさついてまとまらない場合は、水少々を加えながら、写真のような状態になるまで混ぜ合わせる。

4 生地を台に出し、押しかためるようにしてまとめる。ここでこねないこと。

5 麺棒で直径20cmくらいの円形にのばす。

6 5の生地を型抜きするか、または包丁で切り分ける。

7 6をオーブンシートを敷いた天板に並べる。手に水（分量外）をつけて、表面にひと塗りし、塩をまぶす。予熱しておいたオーブンで20分間焼く。

あな吉COMMENT

青のりが入った香ばしい生地は、かたくて素朴な食感。だからクッキーじゃなくて、ビスケットと呼びたくなっちゃうんです。塩は混ぜ込まないで、表面にまぶしたほうが断然おいしい。時間があるときは型抜きするのも楽しいけれど、めんどうなときはのばして包丁で切り分けるだけでも、かまいません。

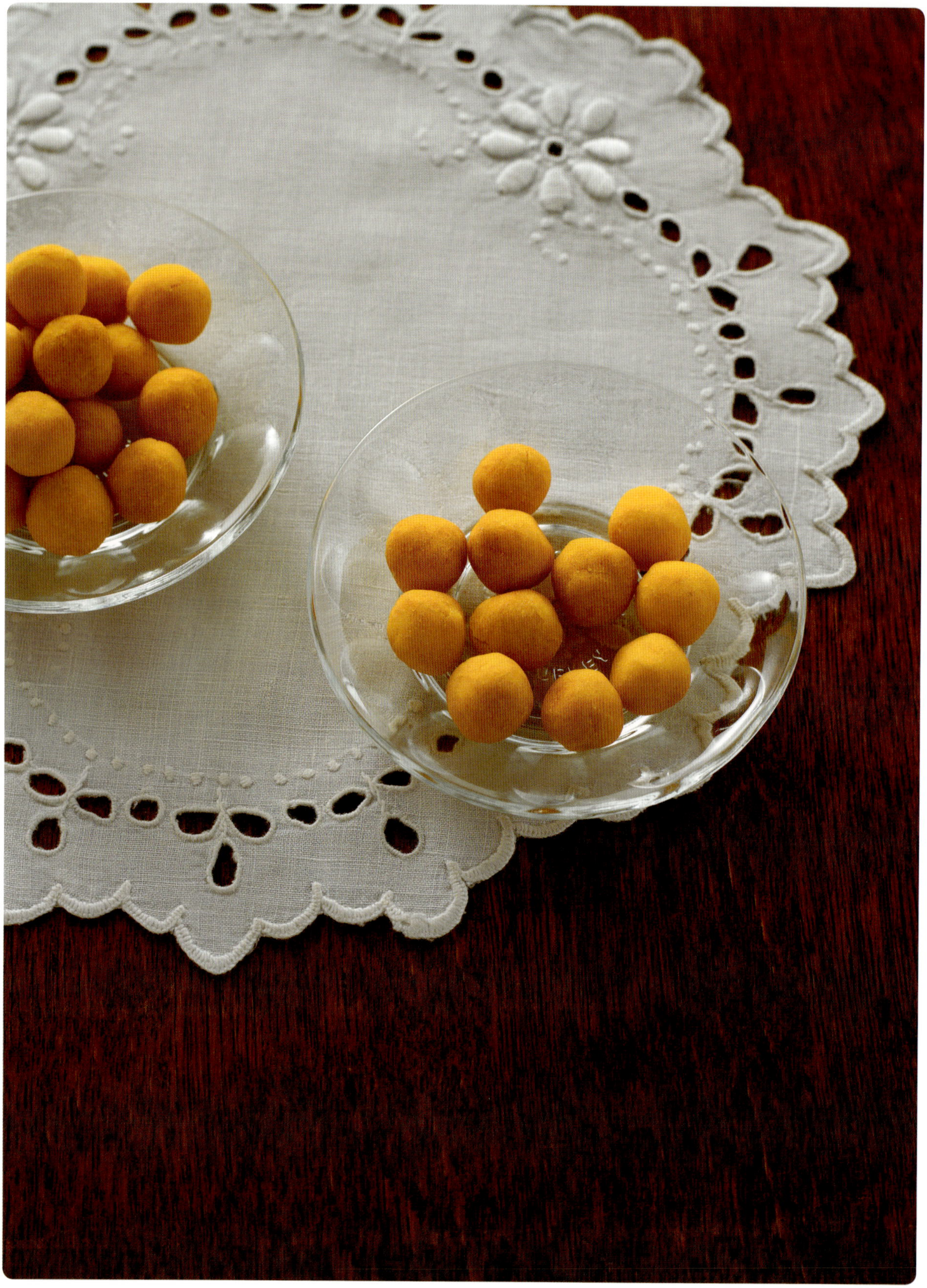

ほろほろっとくずれる軽い食感

かぼちゃのボーロ

材料（直径1cmくらいのもの35〜40個分）

- てんさい糖……小さじ1
- 片栗粉……50g
- 蒸したかぼちゃ……（皮と種を除いた正味）30g
- ベーキングパウダー……小さじ½
- 菜種油（またはサラダ油）……大さじ2

オーブン予熱 160℃　焼き時間 20〜25分

作り方

1　オーブンを160℃に予熱する。フードプロセッサーに❀を入れて、**ガー**する。

2　1に油を加え、再度**ガー**する。生地を握ってひとまとまりになったらよい。

3　2を直径1cmくらいに丸める。

4　3をオーブンシートを敷いた天板に並べ、予熱しておいたオーブンで20〜25分間、中がカリッとするまで焼く。

あな吉COMMENT

子どもたちの大好きな、ボーロ。卵がなくてもかぼちゃを入れれば、こんなに温かな色合いに。独特のほろほろっとくずれる食感は、小麦粉を使わずに片栗粉を入れるから。

ガーしたときに、どうしても、フードプロセッサーの中心の軸周辺に油がたまってしまいがち。途中で一度ふたを開け、カッターを取り出して軸の周りの油をかきだして全体になじませるとよいでしょう。ほろほろと丸めにくい生地なので、指先で小さいおにぎりでも握るように押しかためて形作ります。どうしてもまとまらないときは、油を少々増やして調節してください。ここで水やかぼちゃを入れてしまうと、焼き上がりがかたくなってしまうので注意しましょう。

フードプロセッサーがない場合は

蒸したかぼちゃをしっかりとマッシュしてから、残りの❀と油をこね合わせます。

どこか懐かしく、やさしい味わい

きなこのハードクッキー

材料（16〜18枚分）

- ❀ 薄力粉……80g
- ❀ きなこ……20g
- ❀ てんさい糖……大さじ2
- ❀ 塩……ひとつまみ
- ❁ 菜種油（またはサラダ油）……大さじ2
- ❁ 無調整豆乳……40cc

オーブン予熱 **160**℃　焼き時間 **30**分

作り方

1　オーブンを160℃に予熱する。ボウルに❀を入れ、泡立て器でよく混ぜる。

2　1に❁を加え、手でざっとまとめる。

3　2を約12cmの棒状にまとめて、包丁で5〜7mm幅に切り分ける（**A**）。

4　3をオーブンシートを敷いた天板に並べて、形を整える。予熱しておいたオーブンで30分間焼く。

あな吉COMMENT

濃厚なきなこの香りと、カリッとハードな歯ごたえで、くせになる人続出のクッキーです。"ハードだけどかたすぎない"食感に仕上げるコツは、あまりこねすぎないこと。切り分けているうちに生地がポロポロと割れても、気にしないで大丈夫。天板にのせてから、手でちょいちょいと形を整えて、焼いてください。

チョコ好き大絶賛の本格派

焼きチョコ

材料（6〜8枚分）

純ココア……25g
薄力粉……10g
てんさい糖……大さじ2
水……大さじ1½
菜種油（またはサラダ油）……小さじ1

オーブン予熱 **160**℃　焼き時間 **20**分

作り方

1 オーブンを160℃に予熱する。ボウルにすべての材料を入れて、指先でひとまとまりになるまでよくこね合わせる。生地がまとまらない場合は、水少々（分量外）を足して調整する。

2 6〜8等分に丸めてオーブンシートを敷いた天板に並べ、軽くつぶす。予熱しておいたオーブンで20分間焼く。

あな吉COMMENT

まさに焼きチョコ！ チョコレートそのものの濃厚さです。なぜ6〜8個しかできないレシピかというと、ひとつかふたつ、つまんだだけで充分満足するボリュームだから。とはいえ脂肪分の少ないココアが原料なので、ホンモノのチョコレートと比べたら、格段にヘルシー。チョコ中毒の方にも、ぜひ試していただきたいレシピです。

クッキー

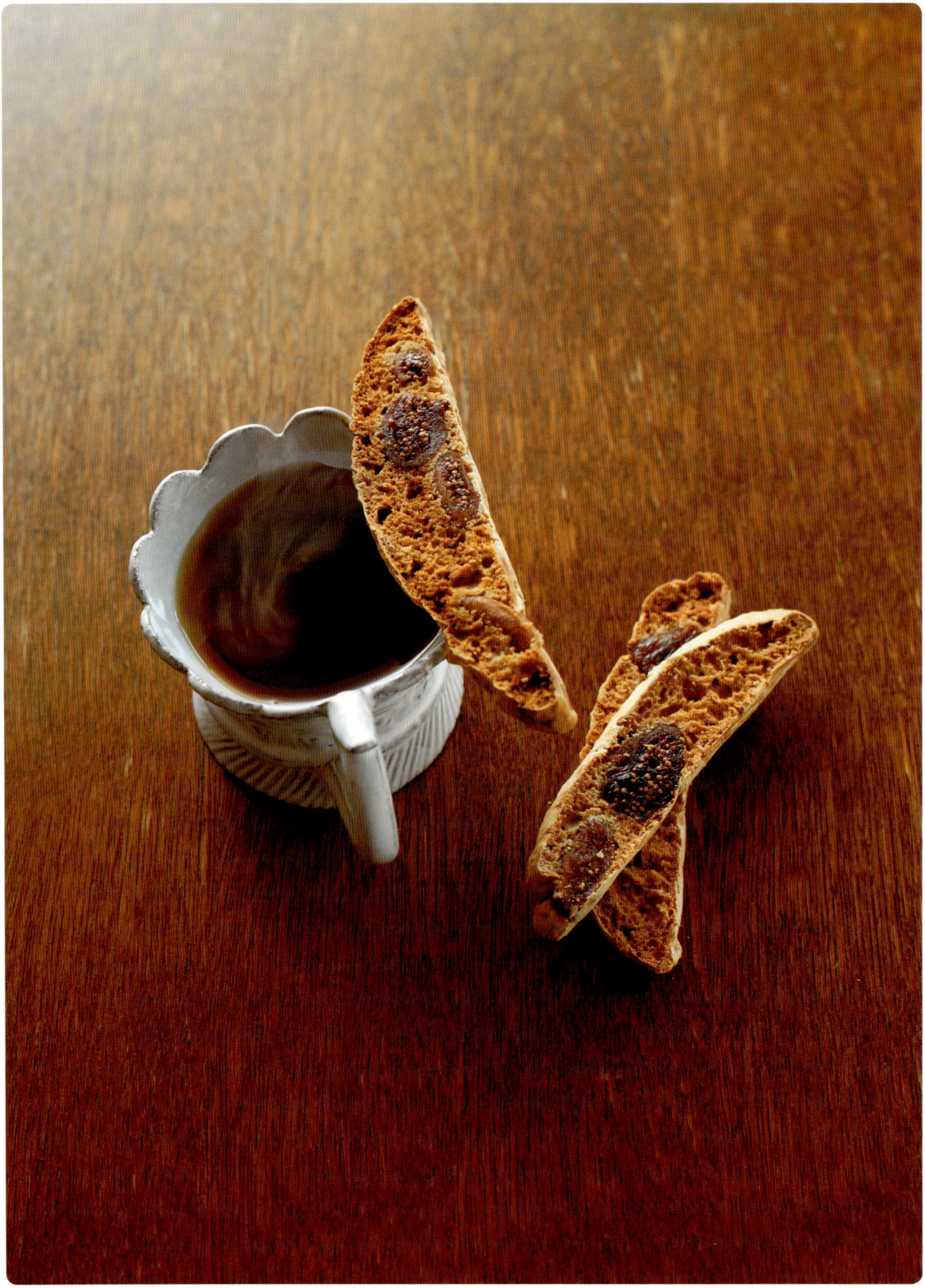

甘くねっとりした果肉がたっぷり

いちじくのビスコッティ

材料（約20枚分）

- 薄力粉……150g
- 重曹……小さじ½
- 塩……ひとつまみ
- てんさい糖……大さじ1
- 100%りんごジュース（ストレート）……80cc
- 酢……大さじ1
- 干しいちじく……100g（4等分に切る）

1度目	オーブン予熱 180℃	焼き時間	20分
2度目	オーブン予熱 150℃	焼き時間	30〜40分

作り方

1 オーブンを180℃に予熱する。ボウルに✿を入れてヘラでよく混ぜる。

2 別の容器に✿を入れて泡立て器で混ぜ合わせる。

3 2を1に加え、ヘラでなめらかになるまでよく混ぜ合わせる。いちじくを加えてさっと混ぜる。

4 オーブンシートを敷いた天板の上で3の生地をひとつにまとめる。手に水をつけて10×25cmの長方形にのばす。予熱しておいたオーブンで20分間焼く（1度目）。

5 焼いた4をいったん取り出して粗熱をとり、8mm幅に切り、オーブンシートを敷いた天板に並べる。オーブンは150℃にしておく。

6 予熱しておいたオーブンで30〜40分間焼き（2度目）、そのまま、冷めるまで庫内におく。

あな吉COMMENT

ドライフルーツぎっしりのビスコッティを作りたい、と思ったのですが、レーズンなどは真っ黒にこげて苦くなってしまってダメでした。いろいろと試した結果、じっくり焼いても甘み、やわらかさが減らなかったのが、いちじく。甘くねっとりとした果肉、ぷちぷちとした種の食感も大好きだから、贅沢に100g入り。これならどこを切っても、たっぷりのいちじくが顔を出します。もちろん足りないときは、減らして作っても大丈夫ですよ。

ビスコッティというのは、「2度焼く」という意味。低温でじっくり焼いてガリガリに仕上げるのが本来の姿です。でも、私は2度目の焼き時間を3分の1くらい（10〜13分間）で止めてしまって、軽いトースト状態で食べるのも気に入っています。ソフトなビスコッティは、まるでリッチな天然酵母パンみたい。どちらの食感もお楽しみください。

クッキー

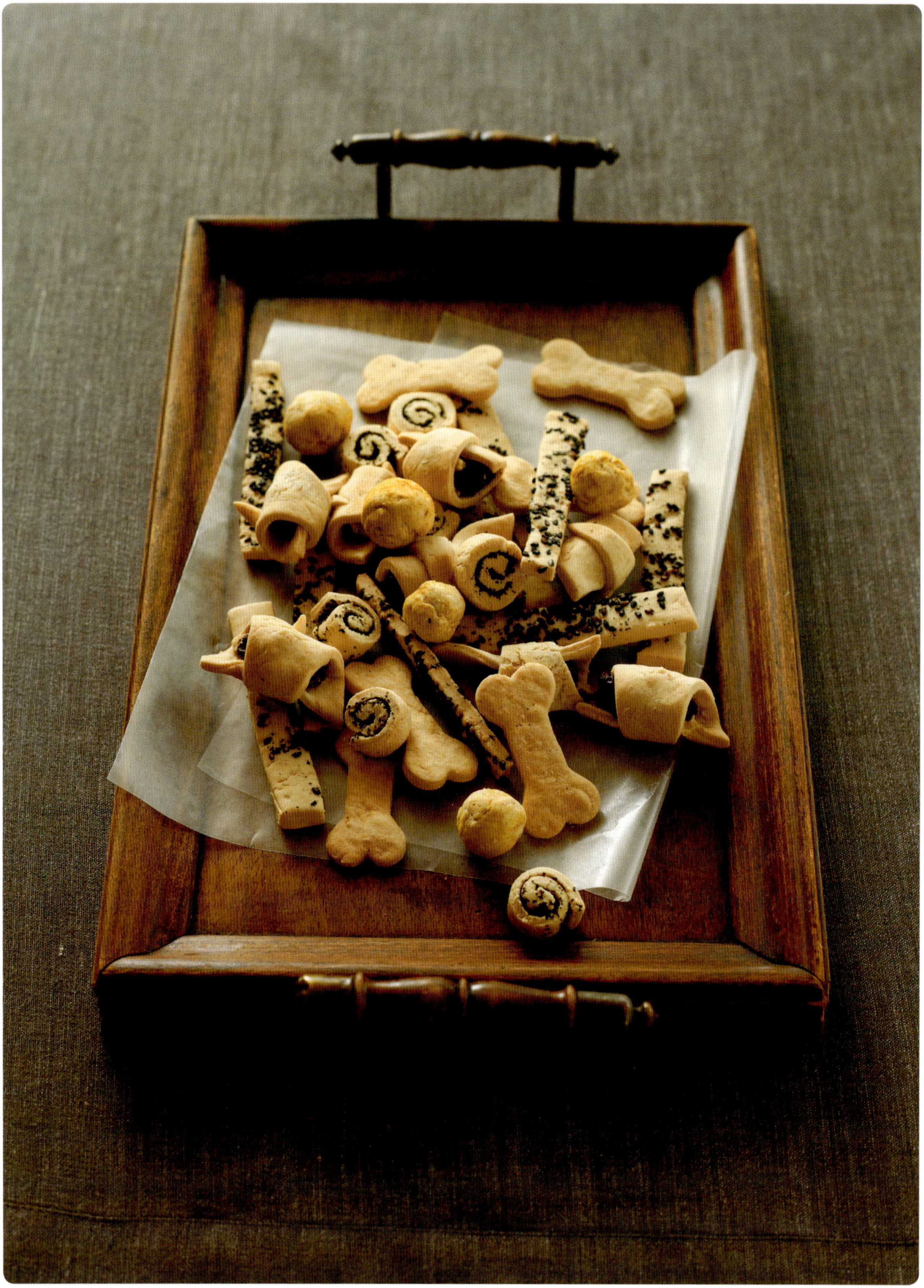

ひとつの生地で5種のクッキー

メープルクッキー 5バリエーション

材料（作りやすい分量）

〈基本の生地：メープルクッキー〉
- 薄力粉……100g
- 片栗粉……10g
- 菜種油（またはサラダ油）……大さじ1
- メープルシロップ……大さじ2
- 水……小さじ2

〈黒ごまスティック〉
黒煎りごま……適量
塩……適量

〈紅茶ロール〉
紅茶の茶葉（ティーバッグ）……適量

〈クロワッサン風〉
くるみ（ローストしたもの）とレーズンなど……適量

〈ぷちピーナッツ〉
ピーナッツ（ローストしたもの）……クッキー1個に対して1粒
カレー粉……適量
塩……適量

オーブン予熱 160℃　焼き時間 30分

作り方

基本の生地

1　オーブンを160℃に予熱する。ボウルに✿を入れて手でよく混ぜる。

2　1に❀を加え、指先でざっと混ぜる。水を加え、指先でぐるぐる混ぜ、そぼろ状にする。

3　生地を台に出し、押しかためるようにひとまとめにする。麺棒で、大きくのばす。

4　三つ折りにする。

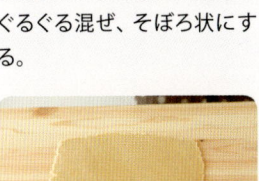

5　さらに麺棒で、20×20cm（約2〜3mm厚さ）にのばす。こうして、指でこねずに、なめらかな生地を作ることが食感のいいクッキーを作るコツ。

あな吉COMMENT

ひとつの生地さえ作れば、一度に何種類ものクッキーに展開できちゃう！　というレシピです。5種類全部に挑戦してもいいし、もちろんひとつのクッキーだけをたくさん作ってもOK。素朴な見た目にもかかわらず、メープルシロップの香りがきいた、リッチな風味のクッキーなんです。スタッフに一番人気なのは黒ごま！　昔懐かしい、黒ごまのスティッククッキーの味がします。

生地はのばして丸めなおすほどにかたくぼろぼろとしてくるので、できるだけいじりすぎないのがポイントです。ぱさついてまとまらなくなってしまったときには、手に水をつけて少しまぶしてから押しかためるようにしてくっつけてください。

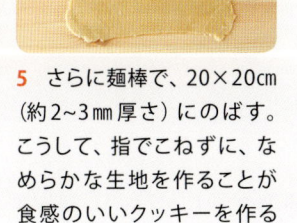

クッキー

バリエーション1：メープルクッキー

型抜きをする。

バリエーション2：黒ごまスティック

5の生地を長方形に切る。手に水（分量外）をつけて生地全体にまぶす。再度手に水をつけて、黒煎りごまと塩を手で両面にまぶす。仕上げに、両面とも麺棒で全体に広げる。

5mm幅に切る。

バリエーション3：紅茶ロール

5の生地を適当な大きさの長方形に切り、紅茶の茶葉を一面に散らす。

くるくると巻く。

5mm幅に切る。

バリエーション4：クロワッサン風

5の生地を約4×7cmの三角形に切る。

好みのナッツとドライフルーツをのせる。

くるくるっと巻く。

バリエーション5：ぷちピーナッツ

5の生地を少しちぎってピーナッツをくるむ。

生地の表面に手で軽く水をつけてから、カレー粉と塩をまぶす。

> **5バリエーション共通**
> それぞれ成形した生地をオーブンシートを敷いた天板に並べ、予熱しておいたオーブンで30分間焼く。

タルト

タルト生地をおいしく作るポイントは、とにかくこねないこと！　なんとか生地がまとまるだけの最小限の水分で仕上げれば、シンプルな材料でもサクサクのタルトができあがります。フィリングは、豆腐や豆乳でできたヘルシーなものばかりですが、どれもクリーミーで濃厚です。

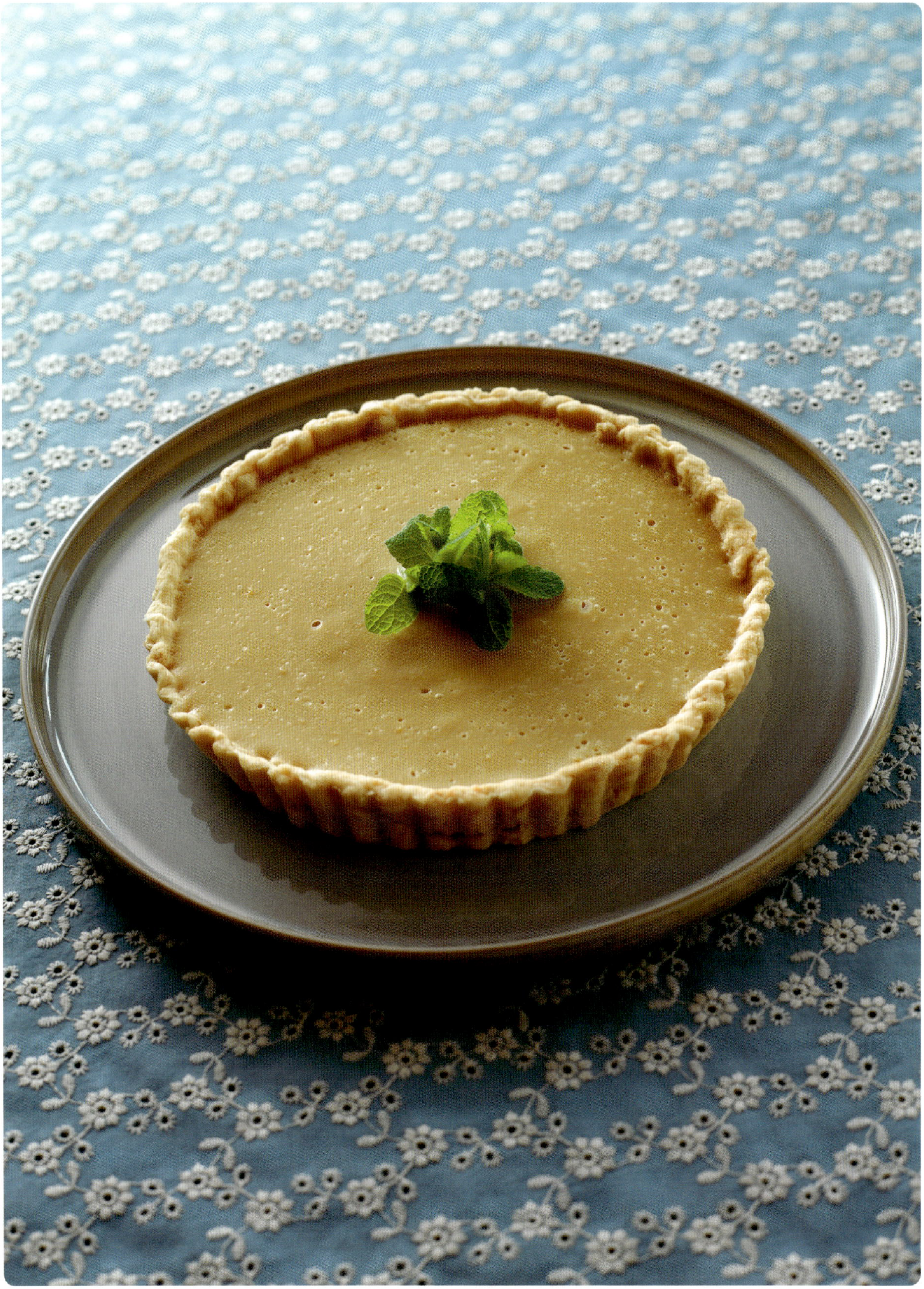

天然の香料だけで、驚きの爽やかさ

レモンタルト

材料
（直径18cmのタルト型1個分）

生地
- 薄力粉……110g
- てんさい糖……小さじ2
- 塩……ひとつまみ
- 菜種油（またはサラダ油）……大さじ2
- 水……大さじ1

フィリング
- 100%りんごジュース（ストレート）……200cc
- てんさい糖……大さじ2
- 粉寒天……小さじ1
- 上新粉……大さじ2
- レモン汁……小さじ2
- 国産レモンの皮……1個分（ピーラーでむく）
- ターメリック（粉末）……ひとつまみ
- 無調整豆乳……100cc

オーブン予熱 180℃　**焼き時間** 20分

作り方

生地を作る

1 オーブンを180℃に予熱する。ボウルに❖を入れて手でよく混ぜる。

2 1に油を入れて、指先でぐるぐる混ぜ、そぼろ状にする。

3 さらに水を少しずつ入れながら、生地を押しかためて、ひとまとめにする。このとき、絶対こねないこと。生地がまとまらない場合は、水少々（分量外）を足して調整する。

4 3を麺棒で直径25cm程度の円形にのばす。

5 4を型に敷き、真上から麺棒をころがし、周囲の余分な生地を取り除く。

6 5の底をフォークでピケ（穴をあける）したら、予熱しておいたオーブンで20分間焼く。焼き上がったら、型からすぐ取り出してケーキクーラーの上で冷ます。

フィリングを作る

7 6の生地が焼き上がってから✿をミキサーでガーして、鍋に入れ、強火にかける。泡立て器で混ぜながら沸騰させ、1〜2分煮立てたら火を止める。

8 6に7を流し入れ、冷ます。あればミントを飾る。

あな吉COMMENT

天然の香りだけで作られているとは思えない、リッチで爽やかな風味。ターメリックは色づけのために使っているので、入れなくても味は変わりません。また、フィリングだけを冷やしかためれば、「レモンムース」に。

❖

タルト生地の基本は、クッキー生地と同じ。最大のポイントは、とにかくこねすぎないこと！　まとめた生地は、ムラがあるぐらいでOK。なんとかまとまる程度の少ない水分におさえると、サクッと軽い食感が生まれます。手ではちょっと混ぜにくいので、フードプロセッサーがある方はぜひ使うことをおすすめします（詳細はP64）。

ミキサーがない場合は
レモンの皮はすりおろし、✿の残りの材料とともに、すり鉢ですってください。

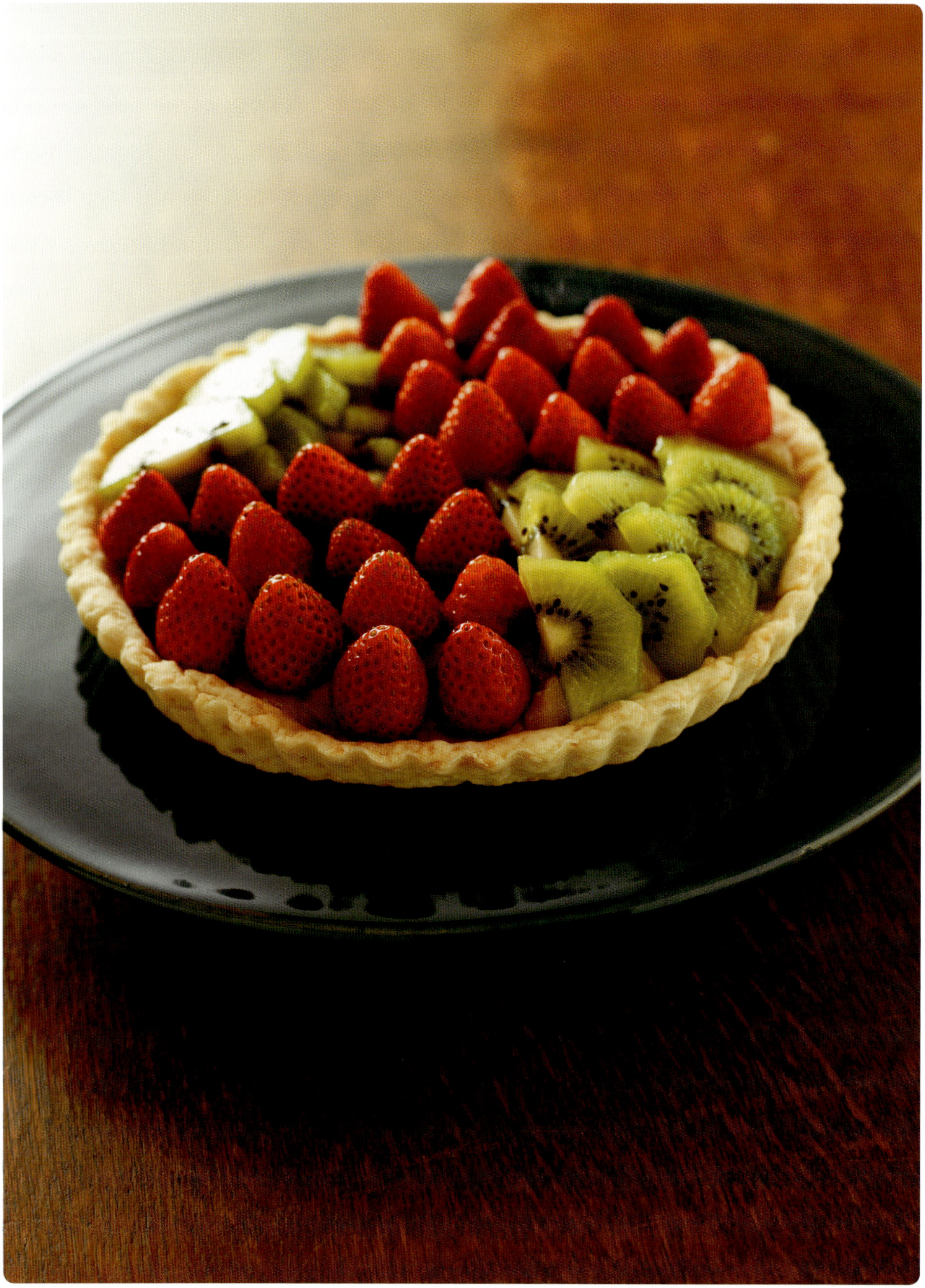

コクのあるクリームは、どんな果物とも相性抜群

季節のフルーツとラムクリームのタルト

材料（直径18cmのタルト型1個分）

生地
- 薄力粉……110g
- てんさい糖……小さじ2
- 塩……ひとつまみ

菜種油（またはサラダ油）……大さじ2
水……大さじ1

ラムクリーム
- てんさい糖……大さじ3
- 無調整豆乳……150cc
- 上新粉……大さじ1½
- ラム酒……小さじ1〜2（好みで加減する）

季節のフルーツ（キウイ、いちごなど）……適量

オーブン予熱 180℃　焼き時間 20分

作り方

生地を作る
1　P55のレモンタルトの作り方**1〜6**と同じ。

ラムクリームを作る

2　❀を鍋に入れて泡立て器で混ぜながら、とろみがつくまで強火にかけ、沸騰してから約30秒間かき混ぜる。

3　2のラムクリームを1のタルト生地に流し入れ、冷やす。

4　3に好みで季節のフルーツを飾る。

あな吉COMMENT

基本のタルト生地にあり合わせの果物を飾るだけで、こんなに豪華なフルーツタルトに！　キウイフルーツは約2個分を3mm幅の薄切りに、いちごは1パック分（約30個）を使いました。ほかにも柑橘類や、柿、桃など、季節ごとに果物を替えて楽しめます。特に人気が高いのが、意外にもキウイフルーツのタルト。酸味とやわらかな食感がクリームや生地と相性ピッタリです。

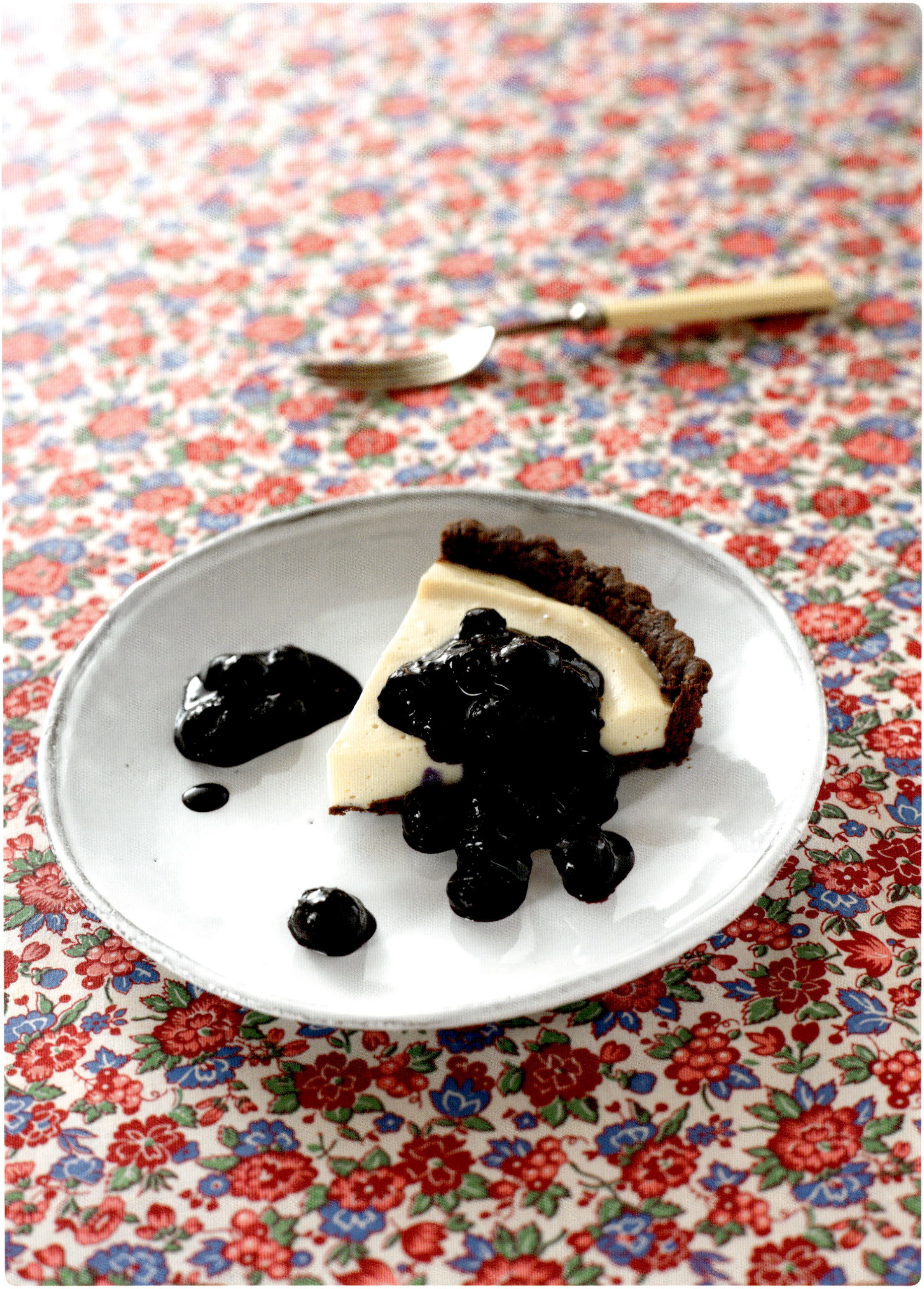

たっぷりソースで召し上がれ

黒と白のタルト ブルーベリーソース添え

材料（直径18cmのタルト型1個分）

生地
- 薄力粉……100g
- てんさい糖……大さじ1
- 塩……ひとつまみ
- 純ココア……20g
- 菜種油（またはサラダ油）……大さじ2
- 水……大さじ1

フィリング
- 粉寒天……小さじ1
- 水……50cc
- てんさい糖……大さじ3（好みで加減する）
- 白味噌……小さじ1
- 絹ごし豆腐……300g

ソース
- 冷凍ブルーベリー……200g
- てんさい糖……大さじ1

オーブン予熱 180℃　焼き時間 20分

作り方

生地を作る

1　P55のレモンタルトの作り方**1〜6**と同じ。

フィリングを作る

2　❀を鍋に入れ、ヘラでかき混ぜながら強火にかける。沸騰したら豆腐を入れ、ヘラでつぶしながら1〜2分混ぜ、沸騰直前で火を止める。

3　**2**をミキサー（またはフードプロセッサー）で**ガー**する。

4　**1**のタルト生地に**3**を流し入れ、冷ます。

ソースを作る

5　🌿を鍋に入れて強火で混ぜながら、約5分間煮詰める。水分がなくなってきて、かためのソース状になったらできあがり。カットしたタルトに添える。

あな吉COMMENT

ココアの苦みがきいたタルト生地と、ブルーベリーの甘い香りのソースが相性のよいタルト。フィリングは、絹ごし豆腐でさっぱりとしています。白と黒のコントラストが印象的で、手をかけたように見えるけど実はとても簡単なレシピです。まずは生地を作ってオーブンに入れ、その間にフィリングとソースを仕上げます。

ミキサーがない場合は
すり鉢ですってください。

タルト

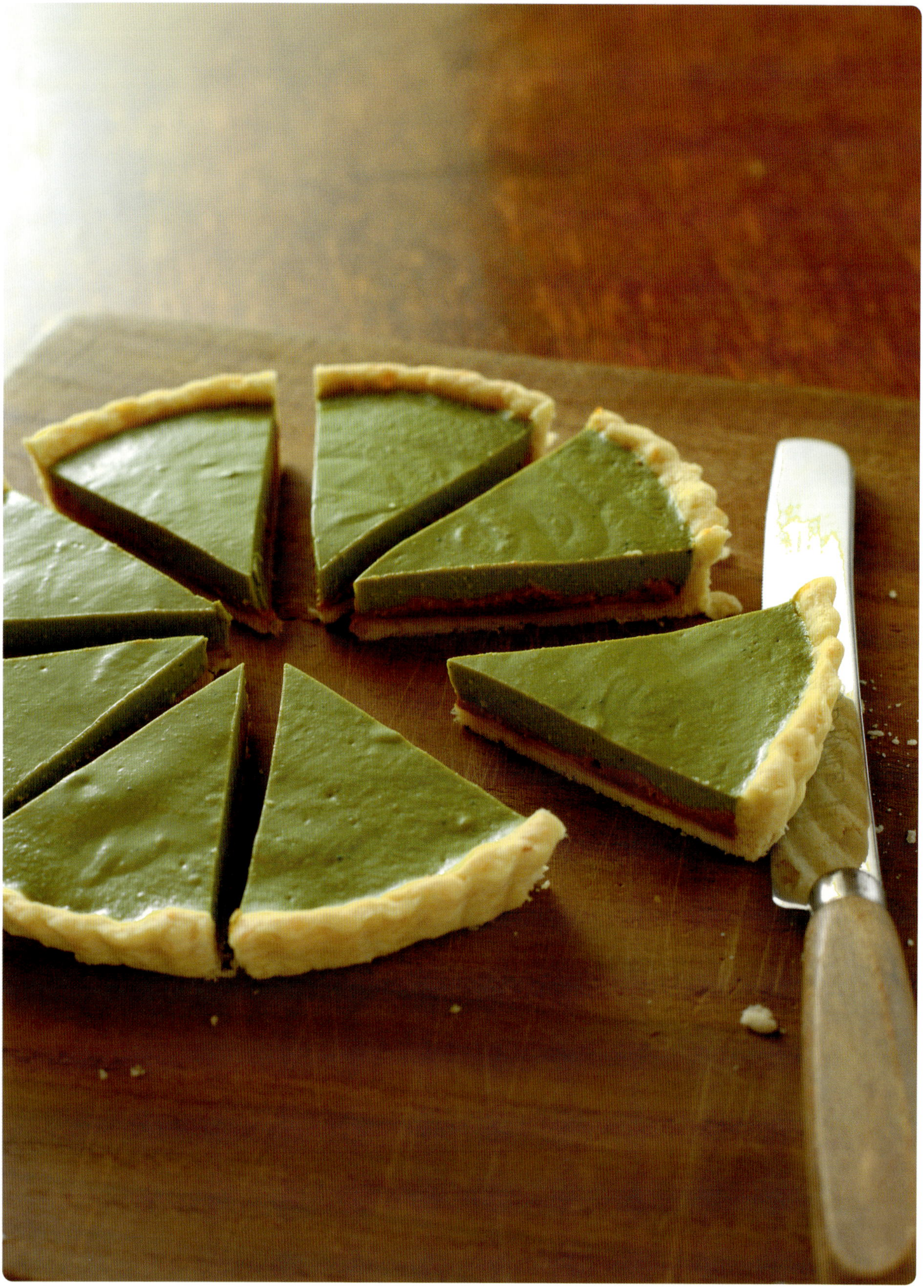

こっくりとした甘さの二重奏

抹茶ときなこの和風タルト

材料（直径18cmのタルト型1個分）

生地
- 薄力粉……110g
- 塩……ふたつまみ
- 菜種油（またはサラダ油）……大さじ2
- 水……大さじ1

オーブン予熱 180℃　焼き時間 20分

フィリング
- きなこ……大さじ6
- メープルシロップ……大さじ2
- 水……大さじ2
- 粉寒天……小さじ¼
- 水……大さじ3
- 木綿豆腐……150g
- 抹茶……大さじ2〜3（好みで加減する）
- てんさい糖……大さじ2

作り方

生地を作る

1　P55のレモンタルトの作り方**1〜6**と同じ。

フィリングを作る

2　をヘラで練る。

3　**2**を**1**のタルト生地の底に敷く。

4　鍋にを入れて強火にかける。沸騰したら木綿豆腐を入れ、ヘラでつぶしながら1〜2分混ぜる。沸騰直前で火を止める。

5　ミキサー（またはフードプロセッサー）に**4**とを入れ**ガー**する。

6　**5**を**3**に流し入れて冷ます。

あな吉COMMENT

和風スイーツが作りたい、でも小豆あんを作るのはちょっとめんどうだし……と考えてできたのが、このタルト。塩けがきいたタルト生地、しっかり甘いきなこペースト、濃いめの抹茶フィリングと、それぞれ味のメリハリをきかせるのがおいしさのポイントです。抹茶の味はメーカーによってかなり違うので、味見しながら調えるとよいでしょう。

ミキサーがない場合はすり鉢ですってください。

絶品！さつまいもクリームの
モンブランタルト

材料（直径18cmのタルト型1個分）

生地
- 薄力粉……110g
- てんさい糖……小さじ2
- 塩……ひとつまみ

菜種油（またはサラダ油）……大さじ2
水……大さじ1

さつまいもクリーム
- ふかしたさつまいも（皮つき）……150g
- 水……120cc
- メープルシロップ……大さじ2
- ふかしたさつまいも（皮つき）……150g（1cm角に切る）
- 塩……小さじ¼

むき甘栗……10〜15粒ぐらい（半分に切る）

オーブン予熱 180℃　焼き時間 20分

作り方

生地を作る

1 P55のレモンタルトの作り方**1〜6**と同じ。

さつまいもクリームを作る

2 ❀をミキサーにかけ、なめらかになるまでガーして、厚手のポリ袋に入れる。

3 ❀を合わせたものと、むき甘栗をタルト生地の底に並べる。

4 **2**のポリ袋の先を5mmくらいはさみで切って、**3**の上にしぼり出す（**A**）。

あな吉COMMENT

さつまいもは炊飯器で炊くと甘みがアップします。炊飯器の内釜に、さつまいもと、さつまいもがかぶるくらいの水を入れて、スイッチオン。箸がスッと通るまで（1時間以上）が目安。炊飯が終わってもまだかたい場合は、再度スイッチを入れてください。

ミキサーがない場合は
すり鉢ですってからざるでこしてください。

アーモンドを贅沢に使った
フロランタン風

材料（直径18cmの円形1個分）

生地
- 薄力粉……50g
- 塩……ふたつまみ
- 菜種油（またはサラダ油）……大さじ1
- 水……大さじ½

メープルアーモンド
- スライスアーモンド……25g
- メープルシロップ……大さじ2

オーブン予熱 180℃　焼き時間 20分

作り方

生地を作る
1 P55のレモンタルトの作り方1〜4と同じ。生地を直径18cmの円形に整えたら、ふちを少し持ち上げる（メープルシロップがこぼれないように）。

メープルアーモンドを作る
2 オーブンを180℃に予熱する。スライスアーモンドをフライパンに入れて弱火で4〜5分、から煎りして火を止める。

3 2にメープルシロップを入れてヘラで混ぜ、1の生地の上に広げる。オーブンシートを敷いた天板に置き、予熱しておいたオーブンで20分間焼く。

あな吉COMMENT

わざわざキャラメルソースを作らなくてもいいので、とても簡単です。アーモンドの香ばしさと、ねっとり濃厚なメープルシロップ、サクサクのタルト生地の組み合わせで、高級感のあるお菓子です。

COLUMN

タルト生地を
フードプロセッサーで作ると
もっと簡単!!

実はタルトの生地は、フードプロセッサーを使うと、もっと簡単! お持ちの方は、ぜひ、フードプロセッサーで生地を**ガー**することをおすすめします。

1 フードプロセッサーに各タルト生地の材料❀と油を入れて、約5秒間**ガー**する。

2 1に、水を少しずつ入れながら、フードプロセッサーを3〜4回、**ガッガッ**とまわす。生地を取り出してのばす。ここからは同じ。

華やかな、おかずタルトの提案

タルト生地からてんさい糖を抜いて、かわりに塩ひとつまみを加えて小さなタルト型で作れば、おかずカップに。パーティのときに、取り分けにくいシチューやサラダをタルト生地に入れて並べておくと、見栄えもするし食べやすいので喜ばれます。ほかにもキッシュの台としても活用できます。写真は、蒸し野菜を詰めて、豆腐マヨネーズを添えただけ。お料理に合わせて生地に煎りごまを入れたり、カレー粉を加えたり……と、アレンジするのも楽しいですね。

豆腐マヨネーズ

材料(作りやすい分量)

絹ごし豆腐……約100g
塩……小さじ2/3
酢……小さじ1 1/2
白味噌……小さじ1
黒こしょう……少々

作り方

すべての材料をフードプロセッサー(ミキサー、ミルサーでも可)に入れてなめらかな状態になるまで**ガー**する。
＊冷蔵庫で2日間保存できます。

ホットビスケット＆スコーン

本来はたっぷりの油を使って作るお菓子ですが、ここではわずかな植物油だけで、サクサクほろほろの食感を再現しています。手ではまとめにくい生地もフードプロセッサーの力を借りれば、あっという間にできあがり。小さなコツはたくさんあるけれど、上手に焼けたときの達成感は大きい！まずはレシピをじっくりと読んでから、トライしてみてくださいね。

バターなしでも、ふんわりほろほろ

ホットビスケット

材料（直径6cmの抜き型3個分）

- 薄力粉……150g
- 重曹……小さじ¼
- 菜種油（またはサラダ油）……大さじ2
- 無調整豆乳……大さじ3
- 酢……大さじ1

オーブン予熱 220℃　焼き時間 10〜15分

作り方

1　オーブンを220℃に予熱する。フードプロセッサーに❀を入れて、**ガー**する。

2　❀を別の容器で混ぜ合わせる。

3　**1**に**2**を8割量注いで、短く4〜5回ぐらい**ガッガッ**。

4　残りの**2**を粉けが多いところに注ぎ、そぼろ状になる程度に短く**ガッガッ**。ここで、まわしすぎないことが大切。

5　生地を台に出し、ひとまとまりに押しかためたら（必要なら打ち粉少々をする）麺棒でのばし、三つ折りにする。

6　再度、麺棒で1cm弱の厚さにのばす。

7　**6**をそっと二つ折りにする。やわらかいので、スケッパーを使って台からはがすとよい。このとき、生地を上から押さえつけないこと。

8　抜き型に粉をつけてから型抜きする。真上にスッと抜き、ぐりぐりまわさないこと！

9　残った生地を適当な大きさに切って、層を壊さないように重ねる。ぐちゃぐちゃに丸めないこと。

10　それを、また同じように1cm弱の厚みにのばしてから二つ折りにする。

11　型抜きし、すぐにオーブンシートを敷いた天板に並べ、予熱しておいたオーブンで10〜15分間焼く。

あな吉COMMENT

本来、ホットビスケットを作るには、驚くほどたっぷりのバターが必要です。それを、ほんのちょっとの植物油で、あの食感、あのパックリ見事に腹割れした姿を再現するためには、いろいろな工夫をしています。一般的な作り方とはかなり違うので、以下のポイントに気をつけてくださいね。

1：手で混ぜると、どうしてもこねすぎてしまうので、フードプロセッサーを使用すること。こねすぎはふくらまない最大の原因です。生地を台に出してからも、こねてまとめないこと！ 押しかためるだけですぐに麺棒でのばします。

2：のばした生地を一度三つ折りにして層を作り、それをさらにそっと二つ折りにして腹割れをしやすくする。二つ折りにした後に押さえつけると、腹割れしません。

3：型を抜くときに、そっと真上に抜くこと。ぐりぐりまわしながら抜くと生地の側面がつぶれて、ふくらみにくくなります。

4：生地を作ったら、重曹と酢の反応が終わらないうちに、すぐに焼き上げること。こう書くとなんだかすごく難しそうですが、実際には10分足らずの作業ですので、ご安心を。ふんわり湯気が立つ焼きたてビスケットに、メープルシロップをたっぷり塗って食べる幸せを、どうぞ味わってくださいね。

フードプロセッサーがない場合は
手で材料を混ぜ合わせますが、フードプロセッサーのときと同じ食感には作れないかもしれません。

ホットビスケット＆スコーン

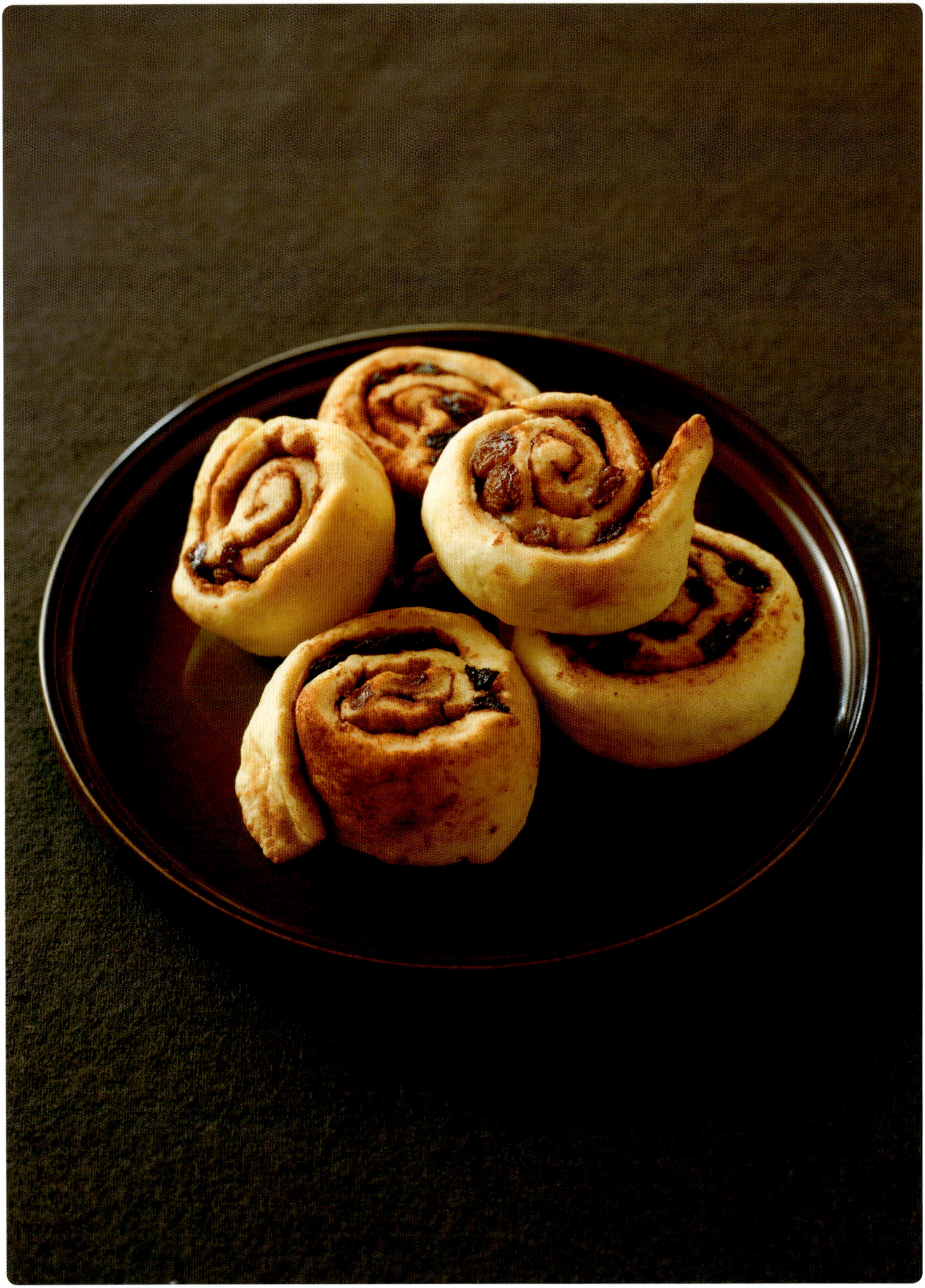

ハードな食感&たっぷりシナモン

シナモンロールスコーン

材料（8個分）

生地
- 薄力粉……150g
- 重曹……小さじ¼
- 菜種油（サラダ油）……大さじ2
- 無調整豆乳……大さじ3
- 酢……大さじ1
- てんさい糖……大さじ1
- シナモン（粉末）……小さじ2
- レーズン……⅓カップ

オーブン予熱 220℃　焼き時間 10〜15分

作り方

生地を作る

1　P66のホットビスケットの作り方**1〜5**と同じ。

2　**1**の生地を18×25cmの長方形にのばし、縦長に置く。

3　🌿を混ぜ合わせる。

4　**2**の生地に**3**のシナモンシュガーを手で全体にのばし、レーズンも散らす。

5　**4**をくるくる巻いて、包丁で8等分する。

6　**5**をオーブンシートを敷いた天板に並べたら、台にこぼれたシナモンシュガーやレーズンをすき間に詰め込む。予熱しておいたオーブンで10〜15分間焼く。表面がほのかにきつね色になるのが目安。焼きすぎに注意。

あな吉COMMENT

シナモンをたっぷりと巻き込むことができるのは、自家製ならではの贅沢。ぐるぐるのかわいいルックスと、焼いたシナモンシュガーの香ばしさ、そしてカリッとした生地の食感で、教室でも大人気のレシピです。

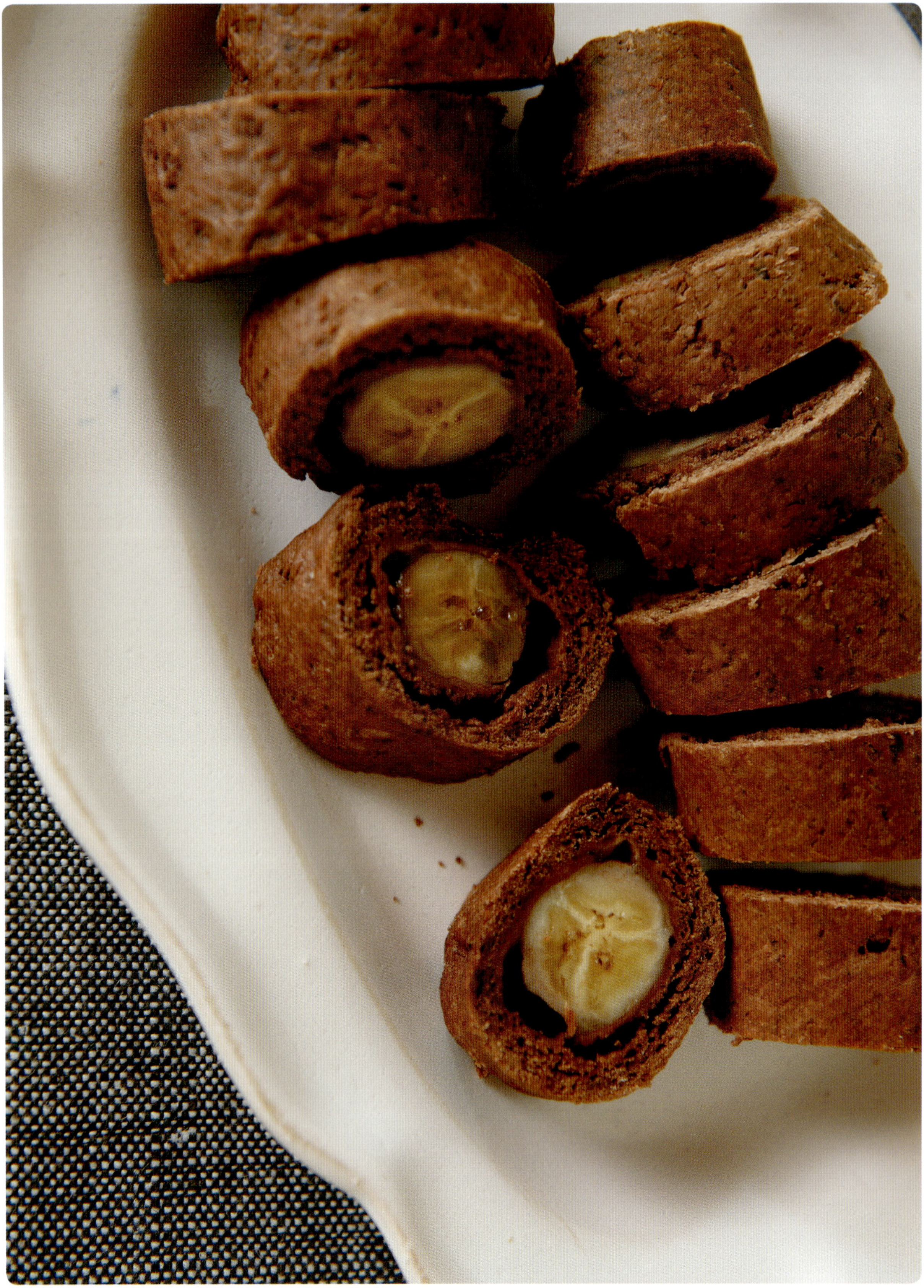

ノンシュガーなのに、大満足の甘さ

まるごと
チョコバナナスコーン

材料（約15cmのもの2本分）

生地
- 薄力粉……140g
- 純ココア……15g
- 重曹……小さじ¼
- 菜種油（またはサラダ油）……大さじ2
- 無調整豆乳……大さじ3
- 酢……大さじ1
- バナナ……（約15cmのもの）2本

オーブン予熱 220℃　焼き時間 10〜15分

作り方

生地を作る

1 P66のホットビスケットの作り方**1〜6**と同じ。

2 1の生地を2等分して、バナナを包める大きさに麺棒でのばしバナナを置く。

3 端からバナナを包み、オーブンシートを敷いた天板にのせ、予熱しておいたオーブンで10〜15分間焼く。輪切りにして器に盛る。

あな吉COMMENT

生地に包まれて蒸し焼きにされたバナナがトロトロにとろけるから、ノンシュガーなのにびっくりするほど濃厚な甘さ。ほろ苦いココア生地との組み合わせは、子どもにも人気です。

ザクザク、ほろり。アメリカンタイプの

メープル＆ウォールナッツスコーン

材料(8個分)
- 薄力粉……150g
- ベーキングパウダー……小さじ1
- 菜種油(またはサラダ油)……大さじ1
- 水……80cc
- 酢……小さじ1
- レーズン……大さじ1
- くるみ(ローストしたもの)……大さじ1(刻む)
- てんさい糖……大さじ1
- メープルシロップ……大さじ2/3

1度目 **オーブン予熱** 200℃ **焼き時間** 10分　2度目 **オーブン予熱** なし **焼き時間** 10分

作り方

1　オーブンを200℃に予熱する。ボウルに✿を入れて手でよく混ぜる。油を加え、手でザッと混ぜる。

2　❁を別の容器に入れて混ぜ合わせてから、1に8割量注ぐ。

3　2を指先でぐるぐる混ぜ、そぼろ状にする。

4　3に🌿を加える。指先で全体をあえるように混ぜ合わせる。粉が残るところがあれば、❁の残りを少しずつふりかける。

POINT! 
生地は、このように、かろうじてまとまる程度でOK。

5　4の生地を積み重ねるように台に出し、そっと押しかためる。ここでこねないこと。

6　5の生地を軽く円形に整えたら半分に切って重ねる。

7　手で押さえて高さ1.5～2cmぐらいにする。再度、円形に整える。

8　包丁で8等分に切る。オーブンシートを敷いた天板に並べ、予熱しておいたオーブンで10分間焼く（1度目）。

9　🌿を混ぜ合わせ、焼き上がった8に⅛量ずつのせる。200℃のオーブン（予熱なし）で再度10分間焼く（2度目）。

あな吉 COMMENT

コーヒーショップで売っているような、食べごたえたっぷりのザクザクスコーン。水分少なめの生地に仕上げることで、ホロッとした食感を再現しました。甘みはあえて生地に混ぜ込まず、外側に塗ることで、よりダイレクトな甘みを感じることができるんです。

水分を入れすぎると、ほろほろ感が出せません。まずは8割注いで様子を見てください。
しっとりしたそぼろ状の生地を重ねていくことで、このように層を作り出しています。さらに切って重ねることでその層を2倍に増やし、サックリ感をアップさせます。

ホットビスケット＆スコーン

プチッと果汁があふれ出す

ブルーベリーのスコーン

材料（8個分）

- ❀ 薄力粉……150g
- ❀ ベーキングパウダー……小さじ1
- ❀ てんさい糖……小さじ2
- ❀ 塩……ふたつまみ
- 菜種油（またはサラダ油）……大さじ1
- ❁ 酢……小さじ1
- ❁ 水……大さじ3
- 冷凍ブルーベリー……70g

オーブン予熱 200℃　焼き時間 20分

作り方

1　オーブンを200℃に予熱する。ボウルに❀を入れて泡立て器でよく混ぜる。油を加えて手でざっと混ぜる。

2　❁を別の容器で混ぜ合わせてから1に8割量注ぎ、手でぐるぐる混ぜながら生地をまとめる。

3　2に冷凍ブルーベリーを加え、手早く混ぜる。水分が足りないところがあれば、❁の残りの水分を加えながら生地をざっくりとまとめる。生地がまとまらない場合は、水少々（分量外）を足して調整する。

4　3の生地を台に重ねながら出していく。

5　4を半分に切って重ねたら、再度、高さ3cm程度の20cmの正方形に整え、包丁で8等分に切る。オーブンシートを敷いた天板に並べ、予熱しておいたオーブンで20分間焼く。

あな吉COMMENT

ブルーベリーのプチッとはじける食感と、甘い果汁が大人気のスコーン。ブルーベリーがつぶれると水分が出てきてしまうので、手早く作るのがコツです。

生地の状態や、より詳しい手順などは、P73の「メープル＆ウォールナッツスコーン」を参照してください。

COLUMN

この本の"ふわふわに仕上げた"ケーキは"重曹"、"ベーキングパウダー"、"酢"でふくらませています

卵を使わずに作るナチュラルケーキは、ふつう、どっしりと重く、一般的なケーキのようにふわふわには仕上がりません。なぜなら、卵の力こそが生地をふんわりとふくらませるからなんです。けれども、なんとか卵を使わずに、生地をふわふわに焼き上げられないものかと試行錯誤して発見したのが、重曹またはベーキングパウダーといっしょに、酢を生地に混ぜるという、一般的なお菓子作りからは考えられない方法です。

もう少し具体的に説明しますと、アルカリ性の重曹に酸性の酢を混ぜて中和させ、そのとき生まれる泡の力で生地を一気にふくらませるのです。ベーキングパウダーは、アルカリ性と酸性の粉がミックスされているので水を加えるだけでも中和しますが、ほのかにえぐみが残ることがあるので、念のために少量の酢を加えます。使用量がまったく違いますので、レシピの重曹とベーキングパウダーを、置き換えることはできません。

生地を上手にふくらませるポイントは、酢を入れてぶくぶくと泡立っているうちに手早く混ぜて、すぐに焼くこと。時間がたつと中和反応が進みすぎて、ふくらみません。

また、P6でも書きましたが、酢は酸度5%のものを使用しています。これより酸度が低い酢を使うと、アルカリがきちんと中和せずに残り、えぐみの原因になります。逆に、酸度がこれより高いと酸味が残る場合もあります。

"酸性"だとか"アルカリ性"だとか難しそうな気がしますが、実際はレシピ通り、材料を上から順番に混ぜていけばいいだけ！ 実験気分で、楽しく気軽にふわふわケーキを作ってみてくださいね。

COLUMN

使う型は5つだけ！

お菓子の型を集めるのは楽しいけれど、収納場所も無限じゃない。
この本では、最低限これだけあれば！という型だけを使って、すべてのお菓子を作りました。
個性的な型は使っているうちに飽きてくるもの。
やっぱりスタンダードな型が、一番登場回数が多いものです。

パウンド型（21×8cm）
焼きっぱなしの素朴なケーキに、一番似合う形だと思います。薄く切るだけじゃなくて、スティック状にしたり、スクエア型にしたり……気分に合わせて切り方が変えられるところも、ふだんのおやつにぴったりです。他の型と違って底板がはずれるタイプがないため、スムーズにはずすためには、底面にオイルを塗るか、紙を敷きます。焼けたら周囲にぐるりとナイフを入れてから、逆さまにしてポン、とまな板にたたきつけるようにするとスポッと抜けます。

タルト型（直径18cm。底取れタイプ）
タルトはもちろん、ケーキもこの型で焼くと、なんだかちょっとすました表情になって、華やかな気分に。ただしパウンド型よりも容量が少ないので、パウンド型用のレシピをこの型で作るなら7割ぐらいに生地量を減らしてください。底板がはずれるタイプが、取り出すのがラクなのでおすすめです。

丸型（直径15cm。底取れタイプ）
いわゆるデコレーション型。ケーキ型の王道ですよね。誕生日やクリスマスなどに使いたいから、持っていると便利です。いつもはパウンド型で焼くケーキも、この型で焼くと新鮮な感じ。その場合は、中心まで熱が届きにくいので、焼き時間を延長します。焼き上がったら必ず竹串をさし、中心が焼けているか確認してください（ただしP16のガトーショコラとP22の豆腐のレモンチーズケーキは、どんなに焼いても生地はねっとりしたままです）。

シリコンカップ型（直径7cm）
マフィンやカップケーキには、カラフルなうえに、洗って繰り返し使うことのできるシリコンカップを愛用しています。お弁当のおかずカップとしても活躍するんですよ。シリコン型は柔らかいので、焼き上がり後すぐに取り出すとケーキがくずれてしまいます。型ごと冷ましてから、取り出すといいでしょう。

抜き型
かわいいものを見るとつい欲しくなり、100個以上集めてしまったのですが、実はあまり使いません。子どもたちといっしょに作るときは型抜きしますが、それ以外のときは、包丁で切り分けるだけのことも多いから。あったら楽しい、でもなくても困らない、というところでしょうか。

甘くない焼き菓子

パンや軽い食事がわりにもなる、ソルティな焼き菓子。グリッシーニから、カップケーキ、パウンドケーキなど、紹介するお菓子のスタイルも様々です。野菜や海藻などをたっぷりと練り込んでいるため、ヘルシーで味わい深いのが特徴。ワインやビールにもぴったりだと、評判なんですよ。

スナックに、おつまみに
トマトのグリッシーニ

材料（長さ25cm×12本分）
- 薄力粉……100g
- ベーキングパウダー……小さじ½
- 菜種油（またはサラダ油）……小さじ1
- トマトピューレ……大さじ3
- 塩……ふたつまみ

オーブン予熱 160℃　焼き時間 15〜20分

作り方

1　オーブンを160℃に予熱する。ボウルに♣を入れて、生地のかたさが均一になるまで指先で練りながら混ぜる。生地がまとまらない場合は、トマトピューレ少々（分量外）を足して調整する。

2　1を12等分してそれぞれ25cmの長さにのばす（**A**）。

3　2に塩をふりかけたら台の上でころがし、全体によくまぶす。オーブンシートを敷いた天板に並べ、予熱しておいたオーブンで15〜20分間焼く。冷めるまで、庫内に置いておく。

あな吉COMMENT

トマトを練り込んだオレンジ色のグリッシーニは、ほのかな酸味があとをひきます。塩は練り込まず、表面にまぶしたほうが味にメリハリが出ます。表面が乾いて、うまく塩がつかないときには、生地を少し水でぬらしてからまぶすとよいでしょう。好みでこしょうやドライバジルなどを練り込むと、ますますおいしくなります。

エスニックな香りがたまらない！

かぶの葉とクミンのカップケーキ

材料（直径7cmのカップ型8個分）
- ♣ 薄力粉……100g
- ♣ 塩……小さじ1/3
- ♣ ベーキングパウダー……小さじ1 1/2
- ♣ 重曹……小さじ1/2
- ♣ クミン（粒）……小さじ1
- ✿ かぶの葉……60g（ざっくり刻む）
- ✿ 菜種油（またはサラダ油）……大さじ2
- ✿ 水……大さじ2
- 酢……大さじ2 1/2

オーブン予熱　170℃　焼き時間　20分

作り方

1　オーブンを170℃に予熱する。ボウルに♣を入れて泡立て器でよく混ぜる。

2　✿をミキサーに入れてなめらかになるまでガーする。なめらかにならない場合は、水少々（分量外）を足して調整する。

3　2を1に入れて、泡立て器でなめらかになるまでよく混ぜる。

4　3に酢を加え、手早く混ぜたら、すぐに型に流し込む。

5　天板に並べて、予熱しておいたオーブンで20分間焼く。

あな吉COMMENT

クミンの香りが豊かな、ふわふわのカップケーキです。おつまみに、あるいはお食事どきに、主食がわりにしてもよさそう。クミンの香りと食感が、エスニック料理好きにはたまりません。白ワインやビールのお供にも、ぴったりです。

ミキサーがない場合は
かぶの葉をジュース状にするのは、すり鉢では無理。フードプロセッサーの場合は、繊維が粗く残ってしまい、また、水分が足りなくなりますので、やはり無理です。ごめんなさい。

甘くない焼き菓子

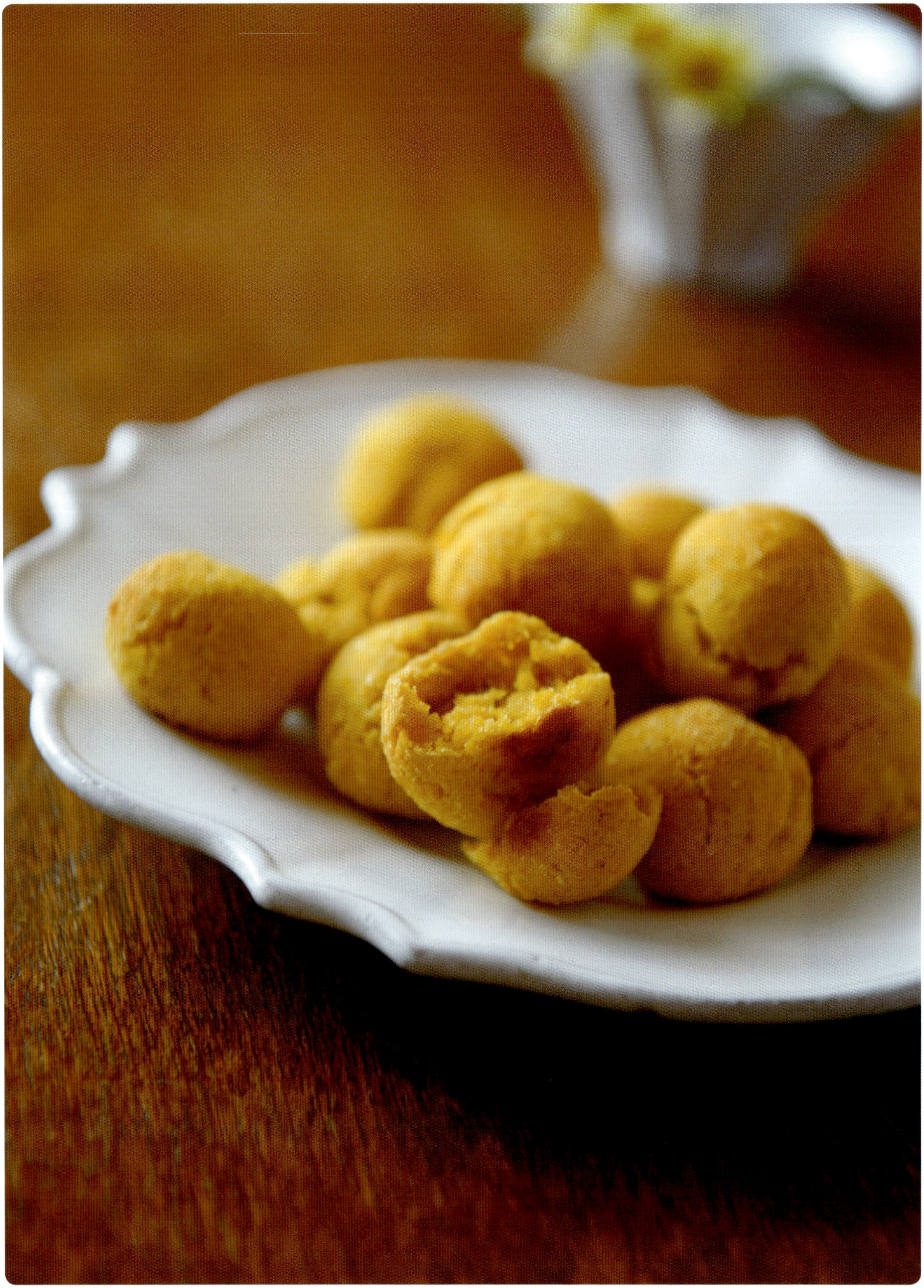

ほんのり甘くて、もちもちの食感！

おろしにんじんの
ポンデケージョ

材料（25〜30個分）

生おから……100g
片栗粉……50g
白玉粉……50g
白味噌……大さじ2
オリーブオイル……大さじ1
黒こしょう……少々
おろしたにんじん……100g

オーブン予熱 180℃　**焼き時間** 20分

作り方

1 オーブンを180℃に予熱する。すべての材料をフードプロセッサーに入れて、よく混ざるまでガーする。

2 小さめのゴルフボールくらいに丸めたら天板に並べ、予熱しておいたオーブンで20分間焼く。

あな吉COMMENT

食べやすい丸い形ともちもちの食感で人気の、ポンデケージョ。チーズを使わずににんじんをたっぷり練り込んだら、ほのかな甘みが加わりました。

フードプロセッサーがない場合は
にんじんをすりおろして、すべて手で混ぜればOK。

甘くない焼き菓子

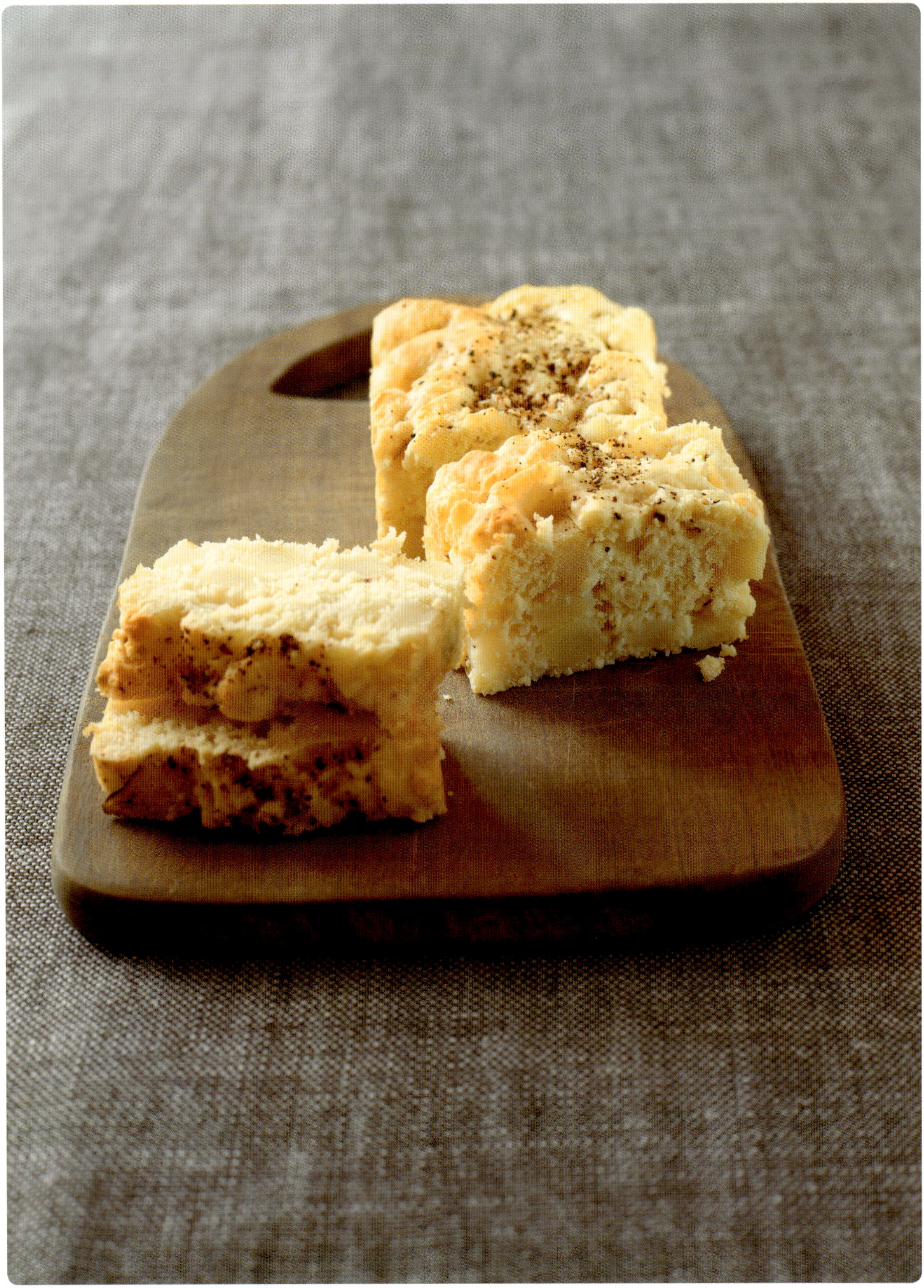

野菜のうまみたっぷりの塩ケーキ

ポテトの塩パウンド

材料（21×8cmのパウンド型1個分）

- ♣ 薄力粉……100g
- ♣ ベーキングパウダー……小さじ2
- ♣ てんさい糖……大さじ1
- ♣ 塩……小さじ½
- ❀ オリーブオイル……大さじ1
- ❀ 玉ねぎ……80g（ざっくり刻む）
- じゃがいも……約150g（皮をむき1cm角に切る）
- 粗挽き黒こしょう……小さじ½

オーブン予熱 **160**℃　焼き時間 **35**分

作り方

1　オーブンを160℃に予熱する。ボウルに♣を入れて、泡立て器でよく混ぜる。

2　❀をミキサーでペースト状になるまでガーする。

3　2を1に加えて、泡立て器でなめらかになるまでよく混ぜる。生地がかたすぎて混ぜられない場合は、水少々（分量外）を足して調整する。

4　3にじゃがいもを混ぜ込む。

5　油（分量外）を薄く塗った型に4を流し入れ、粗挽き黒こしょうをふりかける。予熱しておいたオーブンで35分間焼く。

あな吉COMMENT

甘みを抜いてもおいしいはずと思って、てんさい糖抜きのレシピも試してみたけど、食べ比べるとやっぱり少し入れたほうが焼き菓子らしくていいみたい。水がわりに加えたおろし玉ねぎが、生地にうまみを添えてくれます。じゃがいもは大きく切りすぎると火が通らないので、注意してくださいね。ボリューム感があるからか、料理教室のスイーツクラスでも、意外なほど人気のメニューです。

ミキサーがない場合は
玉ねぎのすりおろし80gに、オリーブオイルを混ぜる。

甘くない焼き菓子

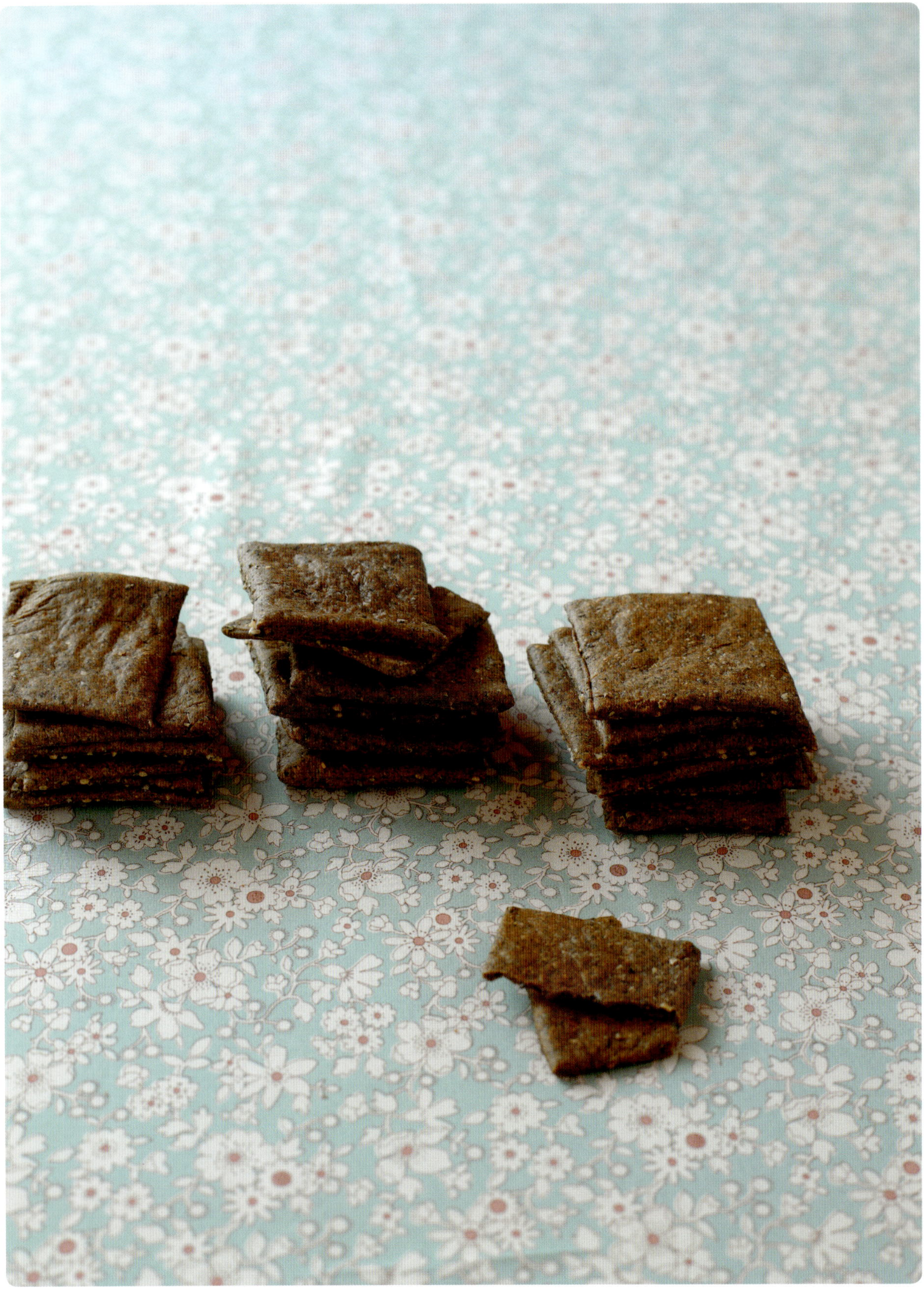

カレー風味がくせになる

黒ごまとひじきのクラッカー

材料（3×3cmのもの30〜40枚分）

乾燥ひじき……大さじ2
- 薄力粉……100g
- 重曹…3つまみ
- 菜種油（またはサラダ油）……大さじ1
- 塩……小さじ½
- 酢……小さじ½
- 黒煎りごま……大さじ2
- カレー粉……小さじ1

オーブン予熱 **160**℃　焼き時間 **30〜40**分

＊作り方3で、予熱を始めるとよい。

作り方

1 乾燥ひじきは熱湯で15分間もどし、ざるにあげて冷まます。

2 フードプロセッサーに**1**と❀を入れてガーする。ひじきがつぶれて水分が出て、にぎってまとまるようになったら台に出す。

3 オーブンを160℃に予熱する。**2**を麺棒で30×40cmにのばす。

4 **3**を3cm角に切る。

5 スケッパーなどを使って、オーブンシートを敷いた天板に並べ、予熱しておいたオーブンで30〜40分間焼く。そのまま冷めるまで庫内に入れておく。

あな吉COMMENT

「え〜、ひじきのクラッカー!?」、なんていわずに、ぜひぜひ作ってみて！ ほんのりカレー風味がひじきのくせを消し、海藻特有のうまみだけを残します。なんともいえない深いコクがあって、手が止まらなくなることうけ合いです。完全に冷ましてから冷凍庫に入れておけば、数ヵ月間保存できますから、湿気ることなくいつでもポリポリと食べられます。子どもにも、男性にも人気のある味です。

フードプロセッサーがない場合は
作れません。ごめんなさい。

甘くない焼き菓子

COLUMN

焼き菓子の気軽なラッピング

ささっと焼いたお菓子を気軽にプレゼントするのに、豪華な包装は必要ありません。むしろ、カジュアルなスタイルのほうが似合います。透明フィルムさえあれば、お菓子の大きさに合わせて切って、くるむだけ。そんな簡単ラッピングを、フードスタイリストの池水陽子さんに教えて頂きました。

必要なグッズ
透明フィルム（東急ハンズなどで購入可）、マスキングテープ、ひも、ハギレなど。

パンデピス
四角く切った透明フィルムでくるみ、マスキングテープで留める。

カップケーキ
正方形に切った透明フィルムの中心にお菓子を置き、四隅を上に集めてホッチキスで留める。細く切ったハギレを、ホッチキスで留めて飾る。

クッキー
四角く切った透明フィルムでキャンディ型に包み、軽くねじったところをホッチキスで留める。色付きのひもで結ぶ。

タルト
お菓子の大きさに合わせて切ったダンボールをオーブンシートでくるんで底板にする。レースペーパーを敷いてタルトを置き、大きく切った透明フィルムでくるむ。四隅を上に集めてホッチキスで何ヵ所か留めて、固定する。リボンを結んで仕上げる。

ベーグル

油分を一切使わないヘルシーなベーグルは、女性に大人気。ここでは、時間のかかる発酵や、めんどうな手ごね作業をはぶいた、画期的な作り方をご紹介します。重曹でさっとふくらませ、こねの作業はフードプロセッサーにおまかせ。もっちりとして食べごたえのある食感に仕上がり、本格派に負けないおいしさです。

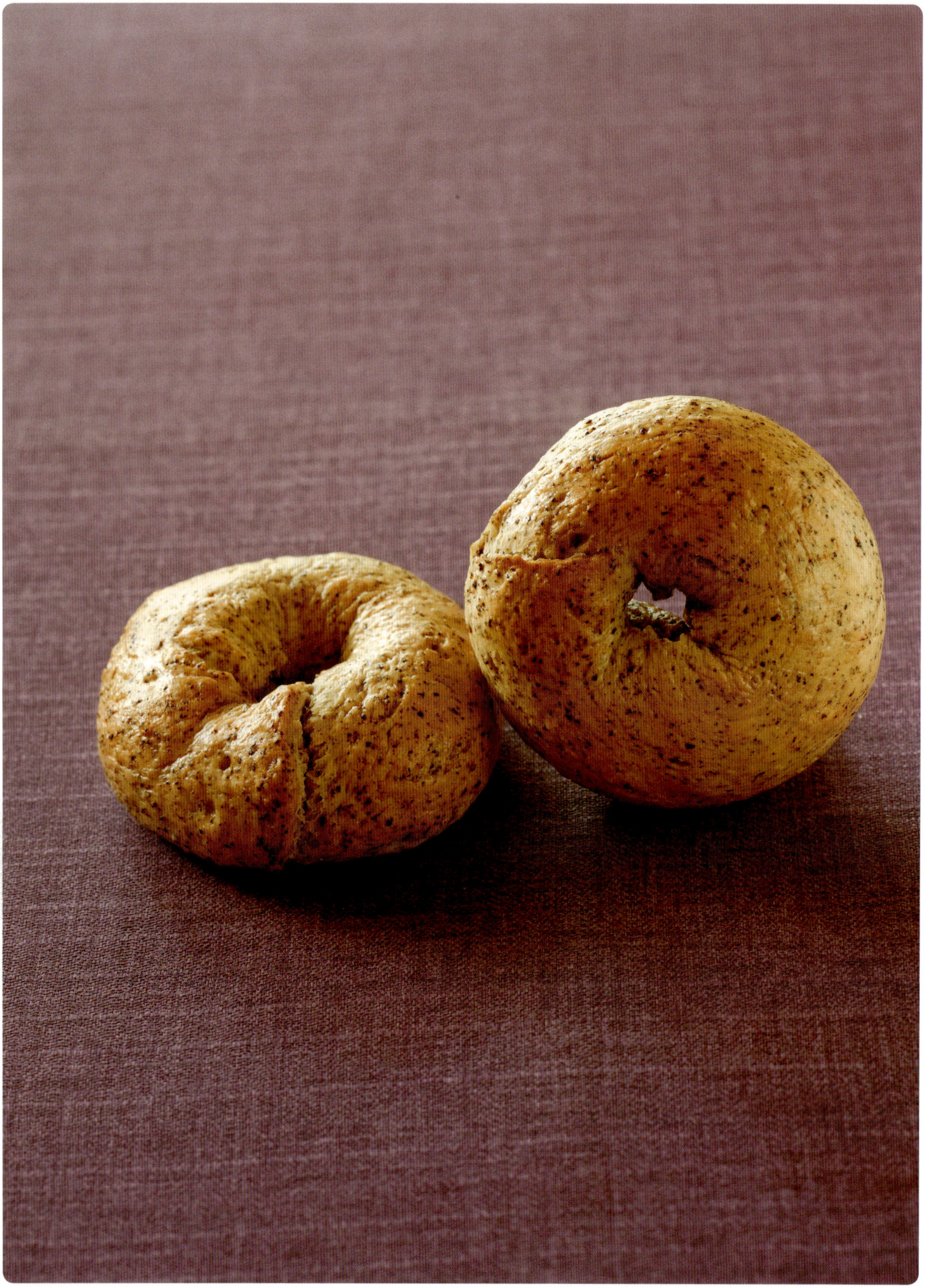

発酵いらずのクイックレシピ

アップルティーベーグル

材料（2個分）

- 薄力粉……150g
- 重曹……小さじ¼
- 塩……ひとつまみ
- 紅茶の茶葉……ティーバッグ2〜3袋（約6g）
- てんさい糖……小さじ1〜2（好みで加減する）
- 100%りんごジュース（ストレート）……50cc
- 酢……大さじ1½

オーブン予熱 180℃　**焼き時間** 20分

＊作り方3の途中に予熱を始めるとよい。

作り方

1　フードプロセッサーに ✿ を入れてガーする。

2　❀ を別の容器に入れて混ぜ合わせる。

3　1に2を注いで、さらにガーする。生地の水分をチェックし、必要に応じて粉か水（分量外）少々を加えて調整し、かための生地に仕上げる。さらに約30秒ガーする。生地を取り出して丸め、ボウルをかぶせて10分間ねかせる。

その間に、オーブンを180℃に予熱する。鍋に5cm以上の水を入れ、湯を沸かし始める。

4　3の生地を2等分し、長さ25〜30cmほどの棒状にする。片端を細くして、もう片端は手で押しつぶす。

5　4の生地をぐるりと輪にして、細い端を、つぶした端でくるむ。くっつかないときには水を塗るとよい。

6　沸かしておいた湯に5を入れて、30秒ゆで（短いほどソフトに仕上がる）、網ですくいあげる。

7　6をオーブンシートを敷いた天板に並べ、予熱しておいたオーブンで20分間焼く。あまり焼き色がつかなくても、表面がパリッと焼き上がればできあがり。

あな吉COMMENT

手作りパンは食べたいけれど、こねるのも発酵を待つのも結構大変。だったら……と、こねるのはフードプロセッサーにおまかせして、発酵いらずで重曹を使う、クイック・ベーグルを考えました。作り始めて40分後には食べられます。作り方はインチキだけど、もちもちの食感とパリッと焼き上がった皮はまさにベーグル。生地をコロコロのばしたときに表面がきれいだと、仕上がりもツルピカッと美しくなるので、そこだけは念入りに。焼き上がったら、横半分に切って冷凍しておけば、いつでもトーストして食べられます。

作り方3のねかし時間と6のゆで時間は、タイマーを使ってきっちり計ってください。

フードプロセッサーがない場合は
手で5分間ほどこねます。

ベーグル　89

キャロット
シナモンベーグル

鉄分ベーグル

レーズン
ペッパーベーグル

3種の ❀ ベーグル

オーブン予熱 180℃　焼き時間 20分

パンプキンシードがアクセント
キャロットシナモンベーグル

材料（2個分）
- ❀ 薄力粉……150g
- ❀ 重曹……小さじ¼
- ❀ 塩……ひとつまみ
- ❀ シナモン（粉末）……小さじ1
- ❀ 蒸したにんじん……60g
- ◉ 酢……大さじ1½
- ◉ 水……大さじ1
- パンプキンシード……大さじ1

作り方
1. 生地を作る。P89のアップルティーベーグルの作り方1～3と同じ。
2. 生地を2等分し、長さ25～30cmほどの棒状にする。麺棒で平らにしたらパンプキンシードを中に包み込んで閉じる（包み方は、鉄分ベーグルの写真参照）。
3. ここからは、P89のアップルティーベーグルの作り方4～7と同じ。

あな吉COMMENT

鮮やかなオレンジ色をした、体がホッとするようなやさしい味のベーグルです。生地の具合や手順の詳細などはP89のアップルティーベーグルの作り方を参照してください。

スパイシーな後味が新鮮！
レーズンペッパーベーグル

材料（2個分）
- ❀ 薄力粉……150g
- ❀ 重曹……小さじ¼
- ❀ 塩……ひとつまみ
- ◉ 酢……大さじ1½
- ◉ 水……大さじ2
- 🍇 レーズン……50g
- 🌿 粗挽き黒こしょう……小さじ⅓

作り方
1. フードプロセッサーに❀を入れてガーする。
2. 1に◉を加えて約10秒間ガーした後に、🍇も入れてさらに約20秒間ガーする。生地を取り出して丸め、ボウルをかぶせて10分間ねかせる。オーブンを180℃に予熱する。湯も沸かす。
3. ここからはP89のアップルティーベーグルの作り方4～7と同じ。

あな吉COMMENT

最初はレーズンの甘みが、そして後からびっくりするほどスパイシーな刺激が広がり、くせになる味です。

小松菜・黒ごま・プルーンぎっしり
鉄分ベーグル

材料（2個分）
- ❀ 薄力粉……150g
- ❀ 重曹……小さじ¼
- ❀ 塩……ひとつまみ
- ❀ 黒煎りごま……大さじ1
- ❀ 小松菜の葉先……50g
- ◉ 酢……大さじ1½
- ◉ 水……大さじ1
- ドライプルーン……6個（粗く刻む）

作り方
1. 生地を作る。P89のアップルティーベーグルの作り方1～3と同じ。
2. 1の生地を2等分し、長さ25～30cmの棒状にする。平らにしてプルーンを中に包み込んで閉じる（**A**）。
3. ここからはP89のアップルティーベーグルの作り方4～7と同じ。

あな吉COMMENT

鉄分豊富な素材を目いっぱい詰め込んだ、女性の体に嬉しいベーグル。青菜のくせはなく、野菜ぎらいさんでも安心しておいしく食べられます。

リッチな味でもローカロリー

豆腐クリームチーズ 5バリエーション

材料

〈メープルクリーム〉
木綿豆腐……100g
❀ メープルシロップ……小さじ2
❀ ラム酒……小さじ1/3
❀ 塩……ふたつまみ

〈レーズンクリーム〉
木綿豆腐……100g
❀ レーズン……大さじ2（約24g）
❀ 塩……ふたつまみ

〈抹茶クリーム〉
木綿豆腐……100g
❀ 抹茶……大さじ1/2
❀ てんさい糖……大さじ2
❀ 塩……ふたつまみ

〈チョコクリーム〉
木綿豆腐……100g
❀ 純ココア……大さじ1
❀ てんさい糖……大さじ1
❀ 塩……ふたつまみ

〈くるみの塩クリーム＊〉
木綿豆腐……100g
❀ 塩……小さじ1/5
❀ レモン汁……小さじ1/4
くるみ（ローストしたもの）……10粒
（24g。みじん切り）

作り方（5種類とも共通）

1　木綿豆腐は熱湯で5分間ゆで、ざるに上げてざくざくほぐして5分間おく。

2　1をヘラで押して水けをしぼったらミルサーに入れ、❀も入れて、ガーする。
＊「くるみの塩クリーム」のみ、ガーした2にくるみを加えてヘラで混ぜる。

あな吉COMMENT

ヘルシーなベーグルのお供には、豆腐で作ったローカロリーのクリームチーズを。分量が少ないため、ミルサーが一番なめらかに仕上がります。特にチョコクリームは、まさにチョコレートの味がするので、おすすめ！ミキサーやフードプロセッサーの場合は、量を2倍以上に増やして作ったほうがよいでしょう。どの器具もない場合は、すり鉢ですってください。

余ったベーグルがスナックに変身

ベーグルチップス

材料

好みのベーグル……適量
塩……適量

オーブン予熱 150℃ **焼き時間** 30分

作り方

1　オーブンを150℃に予熱する。2〜3mmにスライスしたベーグルをオーブンシートを敷いた天板に並べ、塩をまぶす。

2　予熱しておいたオーブンで30分間焼く。

あな吉COMMENT

余ってしまったベーグルをオーブンで焼けば、カリッとハードな食感のスナックに。ノンオイルだし、かたいのでよ〜く噛むから、ダイエット中のおやつにピッタリですね。

94

あとがき

一般に、焼き菓子というのは、とてもデリケートなものだといわれています。たとえば、材料を1g単位で正確に計量しなければならない、製菓用のバターなど専用の材料を取りそろえるべし、道具はとりわけ清潔にしておかないと卵が泡立たないので要注意、角切りバターが溶けないようにスコーンやタルトは生地を冷蔵庫で冷やしながら作業を、などなど。

ところが私はめんどうくさがりでして、そんなことはやってらんない！と、つい思ってしまうんです。だから私の焼き菓子レシピは、とにかく簡単で、それでもおいしい、がモットー。

料理教室での焼き菓子講座に参加した方から「あな吉さんのレシピは、洋菓子のハードルをバッタバッタとなぎたおして、更地にしてくれたような感じ」「これなら忙しい私でもできる！」「計量さえしてあげれば、子どもでも作れる！」という感想をいただきました。このレシピが、ふだんなかなかお菓子作りまで手がまわらない、という方にとって、少しでも参考になったら嬉しいです。

お菓子が焼き上がる甘いにおいが、大好き。
むくむくとふくらんだその姿を見るのが、快感。
「ヘルシーだからいっぱい食べてね」ってプレゼントしたときのみんなの笑顔が、幸せ。そんなことを思いながら、今日もささっとお菓子を焼いちゃうんです。だって、簡単なんだもん。

浅倉ユキ

スタッフ

ブックデザイン	鈴木成一デザイン室
	岩田和美（鈴木成一デザイン室）
撮影	工藤雅夫
スタイリング	池水陽子
調理アシスタント	森山紀久子
	宮嵜夕霞
	徳増綾香
	榎本可菜
	菊池未希子
	田島名穂子
	井上せいら
	萩宇田さやか
	宮田清美
	長谷川笑子
	鈴木秀代
編集	斯波朝子

プロフィール

浅倉ユキ あさくら・ゆき

ゆるベジ料理研究家。
肉、魚、卵、乳製品、砂糖、みりん、酒、だしを一切使わないベジタブル料理の教室「another〜kitchen」を主宰。通称"あな吉さん"。
100％植物性の素材＋びっくりするほどシンプルな手順だけで、目も舌もお腹も満足できて、作る人も食べる人もハッピーになれるレシピが注目を集める。
出張料理教室で全国をまわるほか、助産院や保育園での講演、医療従事者専門のセミナーの講師なども務める。
著書に『あな吉さんのゆるベジ料理教室』『あな吉さんのゆるベジ10分レシピ』（いずれも河出書房新社）ほか多数。

- 楽天ブログ「浅倉ユキ（あな吉）の、ゆるベジごはん」
  http://plaza.rakuten.co.jp/anakichi/
- カフェグローブ連載「ゆるベジなキッチン」
  http://www.cafeblo.com/vegetable/
- mixiコミュニティ「ゆるベジ料理教室＠荻窪」

卵・乳製品・白砂糖不要！

まぜて、焼くだけ！

あな吉さんのゆるベジ焼き菓子教室

2010年3月30日初版発行
2012年3月30日5刷発行

著者	浅倉ユキ
発行者	小野寺優
発行所	株式会社河出書房新社
	〒151-0051 東京都渋谷区千駄ヶ谷2-32-2
	電話：03-3404-8611（編集） 03-3404-1201（営業）
	http://www.kawade.co.jp/
印刷・製本	図書印刷株式会社

ISBN978-4-309-28204-6
Printed in Japan
落丁本・乱丁本はお取り替えいたします。
本書の無断転載（コピー）は著作権法上の例外を除き、禁止されています。